# LONDON
## *Übersicht*

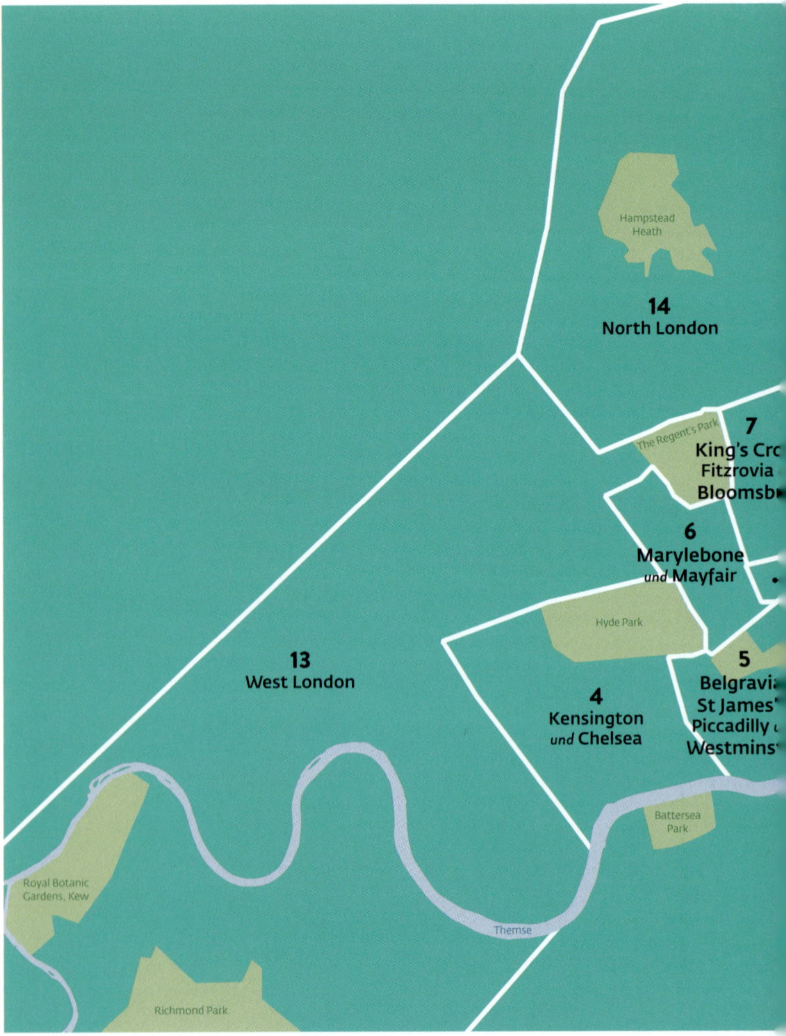

# ÜBER DAS BUCH

Dieses Buch listet über 350 Punkte auf, die Sie kennen sollten, wenn Sie London besuchen und sich besonders für dessen reiche, lebendige Geschichte interessieren. Meist sind es Sehenswürdigkeiten, samt praktischen Informationen, die helfen sich zurechtzufinden. Oder Wissenswertes, das hilft, die Stadt und ihre Vergangenheit kennenzulernen. Dieser Führer soll inspirieren und dazu beitragen, London mit anderen Augen zu sehen, nicht es von A bis Z »abzuhaken«.

Zu jedem Eintrag finden Sie Adresse, Stadtteil und eine Nummer, mit deren Hilfe er sich leicht in den Karten am Anfang des Buches lokalisieren lässt. Suchen Sie nach der entsprechenden Karte (z. B. Karte 1: Soho, Covent Garden und Holborn oder Karte 4: Kensington und Chelsea) und darin nach der jeweiligen Nummer. Ein Hinweis dazu: Die Karten sind nicht allzu detailliert, können also nur einen groben Überblick vermitteln. Einen exakteren Stadtplan erhalten Sie bei der Touristeninformation bzw. im Hotel, oder Sie benutzen die Karten-App Ihres Smartphones.

Bedenken Sie auch, dass sich dieses Buch nur auf eine der vielen Seiten Londons konzentriert, die Auswahl sehr persönlich ist. Sie muss nicht unbedingt mit Ihren eigenen Präferenzen übereinstimmen, vielleicht fehlt Ihnen ein bestimmter Punkt. Wenn Sie einen Kommentar hinterlassen, einen Ort empfehlen oder einen historischen Lieblingsplatz verraten möchten, folgen Sie @500hiddensecrets auf Instagram bzw. Facebook. Und natürlich ist es auch eine gute Idee, sich auf unserer Website www.the500hiddensecrets.com mit vielen neuen Inhalten, aktualisierten Informationen und Reiseinspirationen zu London und vielen anderen Destinationen zu versorgen.

# DIE AUTORIN

Ellie Walker-Arnott lebt selbst im Norden Londons mit Partner Tom und Katze Ginger. Die Autorin und Redakteurin arbeitet beim Medienunternehmen Time Out London, als Digital Editor und Redakteurin im Bereich UK Escapes. Ein Job, der sie auch in abgefahrene, kaum bekannte Ecken der Hauptstadt führte und ihr erlaubt, sich Tag für Tag für ihre Heimatstadt zu engagieren.

Als Fan naturbelassener grüner Flächen, lebhafter Stadtbezirke und ruhiger Enklaven abseits des Mainstreams liebt sie die Stadt schon, solange sie denken kann. So war es ihr ein besonderes Vergnügen, auf der Suche nach Tipps für diesen Führer alte Gebäude zu durchforsten und durch stimmungsvolle Gassen zu schlendern. Schon vor Beginn des Projektes sicher, die Geschichte Londons gut zu kennen, nimmt sie heute bei jedem Schritt buchstäblich Lagen von Historie wahr.

Ihr Dank gilt Freunden, Kollegen und namenlosen Helfern, die sie großzügig unterstützten, persönliche Empfehlungen und Wissen über zeitlos interessante historische Plätze Londons großzügig mit ihr teilten. Emma, Emily, Hannah, Ellie und Tori, weil sie im letzten Jahr endlosen Gesprächen über das Projekt geduldig zuhörten. Ebenso Dettie und Marc bei Luster und Sam, der das Buch mit seinen Fotos lebendig machte. Besonders bedanken möchte sie sich bei ihrer Mutter, immer bereit, sie zu unterstützen, bei Liz als freiwilliges kritisches Augenpaar sowie bei Tom, der sie bei ihren Erkundungen begleitete (nicht nur auf nostalgischen Kneipentouren) und sich nie beschwerte, wenn sie mehr Zeit mit Schreiben in der Hornsey Library als zu Hause zu verbringen schien.

10
Hackney
8
Islington,
:lerkenwell
:d Farringdon
Victoria
Park
9
Spitalfields
und Shoreditch
11
East London
2
City of London
3
South Bank
London City Airport
Themse
1
Soho,
ovent Garden
und Holborn
12
South London

## *Karte 1*
# SOHO, COVENT GARDEN *und* HOLBORN

ENTDECKEN – ORTE & PLÄTZE – ARCHITEKTUR – KUNST & KULTUR – LÄDEN & GESCHÄFTE – ESSEN & TRINKEN – BARS & KNEIPEN – UNTERKÜNFTE

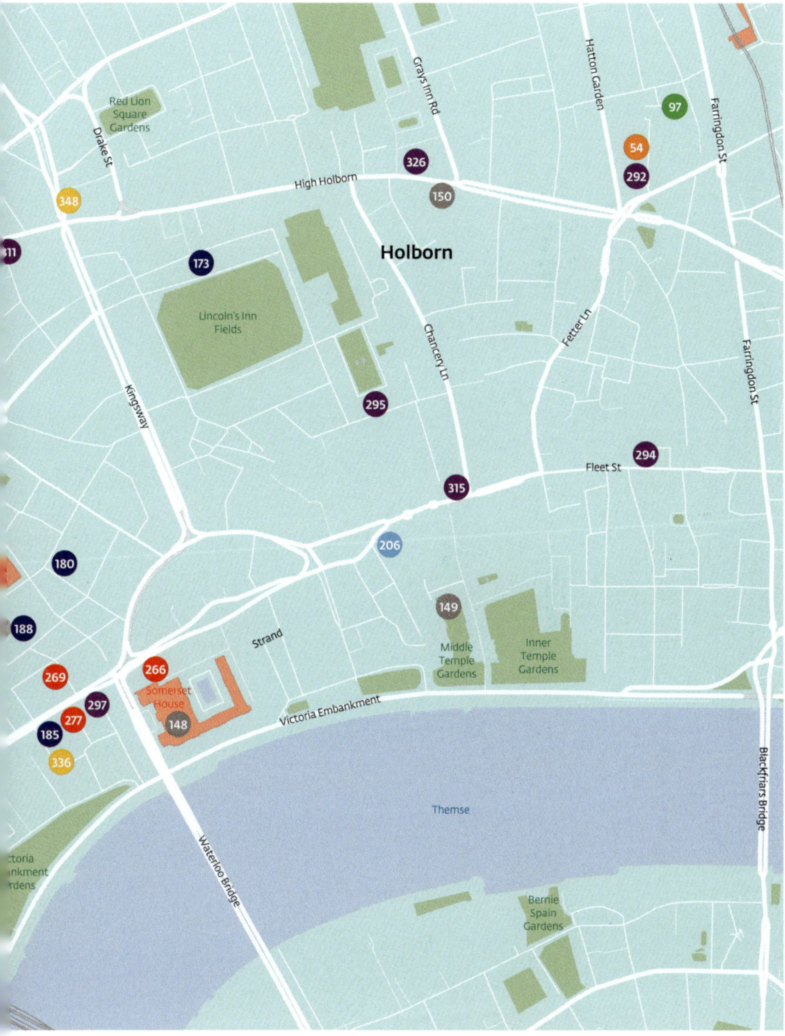
Red Lion Square Gardens
Drake St
Grays Inn Rd
Hatton Garden
Farringdon St
High Holborn
Holborn
Lincoln's Inn Fields
Kingsway
Chancery Ln
Fetter Ln
Fleet St
Strand
Middle Temple Gardens
Inner Temple Gardens
Somerset House
Victoria Embankment
Themse
Waterloo Bridge
Blackfriars Bridge
Bernie Spain Gardens
97
54
292
326
150
348
311
173
295
294
315
206
180
149
188
266
269
297
277
148
185
336

*Karte 2*

# CITY OF LONDON

ENTDECKEN – ORTE & PLÄTZE – ARCHITEKTUR – KUNST & KULTUR – LÄDEN & GESCHÄFTE – ESSEN & TRINKEN – BARS & KNEIPEN – UNTERKÜNFTE

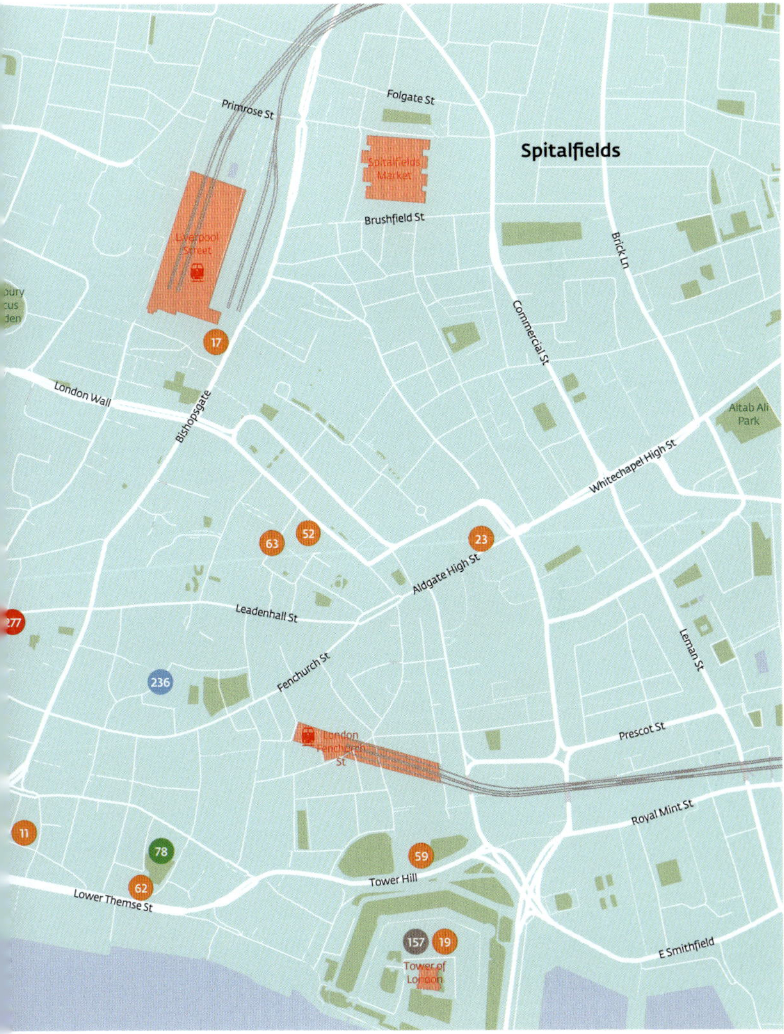
Primrose St
Folgate St
Spitalfields
Spitalfields Market
Brushfield St
Liverpool Street
Brick Ln
Commercial St
17
London Wall
Bishopsgate
Altab Ali Park
Whitechapel High St
63
52
23
Aldgate High St
Leadenhall St
Fenchurch St
Leman St
236
London Fenchurch St
Prescot St
Royal Mint St
11
78
59
Tower Hill
62
Lower Themse St
157
19
Tower of London
E Smithfield

# *Karte 3*

# SOUTH BANK

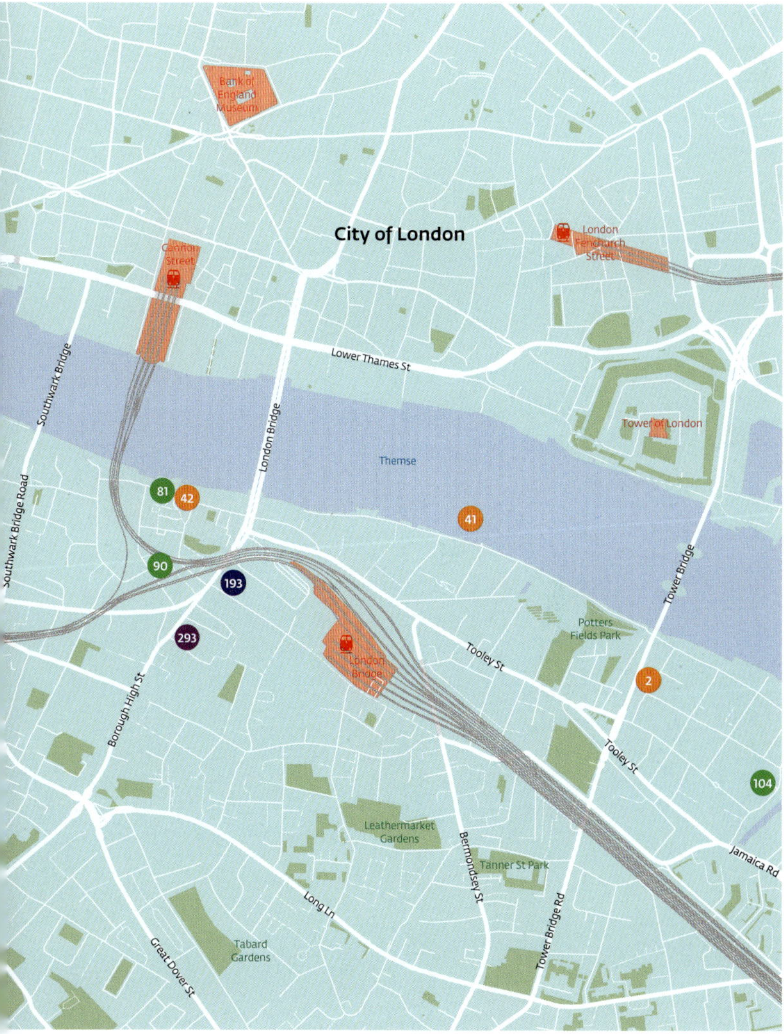
City of London
Bank of England Museum
Cannon Street
London Fenchurch Street
Lower Thames St
Tower of London
Southwark Bridge
London Bridge
Themse
Southwark Bridge Road
81
42
41
90
193
293
Tower Bridge
Potters Fields Park
Tooley St
London Bridge
2
Borough High St
Tooley St
104
Leathermarket Gardens
Bermondsey St
Tanner St Park
Jamaica Rd
Long Ln
Tower Bridge Rd
Tabard Gardens
Great Dover St

*Karte 4*

# KENSINGTON *und* CHELSEA

ENTDECKEN – ORTE & PLÄTZE – ARCHITEKTUR – KUNST & KULTUR – LÄDEN & GESCHÄFTE – ESSEN & TRINKEN – BARS & KNEIPEN – UNTERKÜNFTE

## *Karte 5*

# BELGRAVIA, ST JAMES'S, PICCADILLY *und* WESTMINSTER

ENTDECKEN – ORTE & PLÄTZE – ARCHITEKTUR – KUNST & KULTUR – LÄDEN & GESCHÄFTE – ESSEN & TRINKEN – BARS & KNEIPEN – UNTERKÜNFTE

# Karte 6

# MARYLEBONE *und* MAYFAIR

ENTDECKEN – ORTE & PLÄTZE – ARCHITEKTUR – KUNST & KULTUR – LÄDEN & GESCHÄFTE – ESSEN & TRINKEN – BARS & KNEIPEN – UNTERKÜNFTE

*Karte 7*

# KING'S CROSS, FITZROVIA und BLOOMSBURY

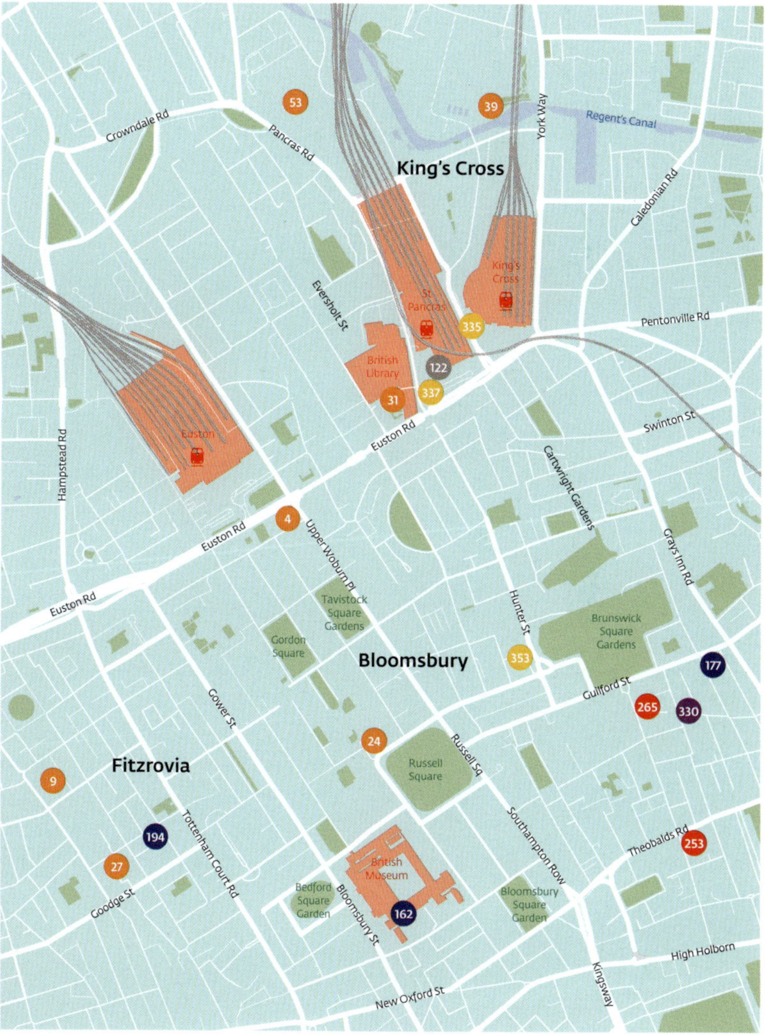


ENTDECKEN – ORTE & PLÄTZE – ARCHITEKTUR – KUNST & KULTUR – LÄDEN & GESCHÄFTE – ESSEN & TRINKEN – BARS & KNEIPEN – UNTERKÜNFTE

*Karte 8*

# ISLINGTON, CLERKENWELL *und* FARRINGDON

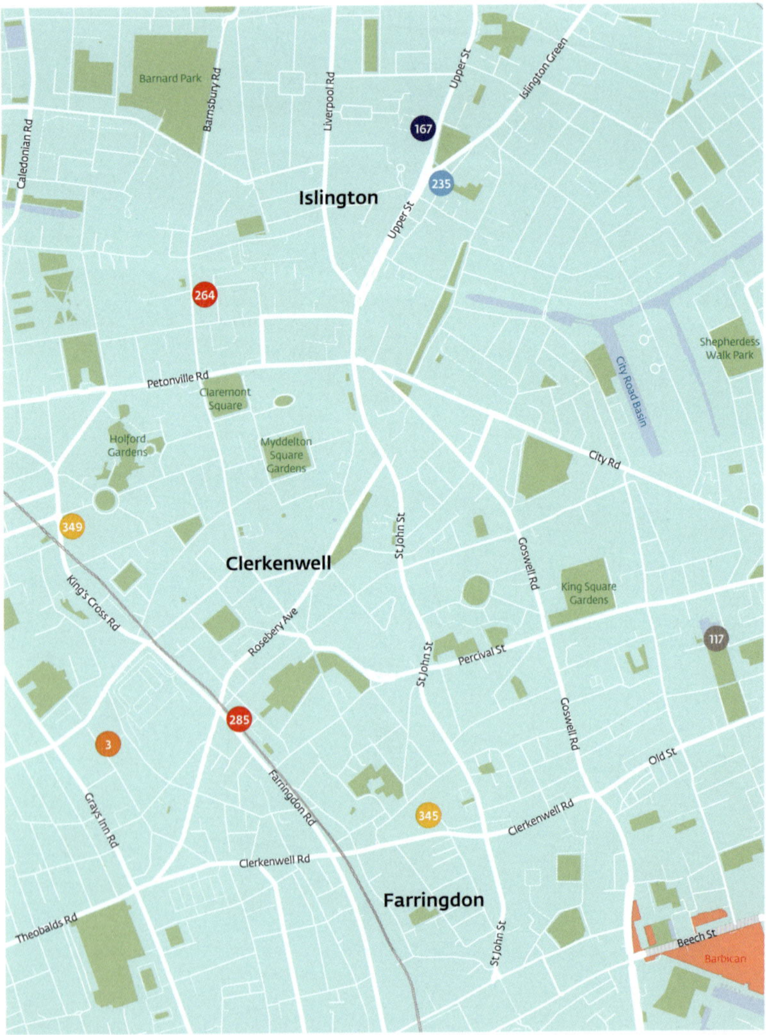


ENTDECKEN – ORTE & PLÄTZE – ARCHITEKTUR – KUNST & KULTUR – LÄDEN & GESCHÄFTE – ESSEN & TRINKEN – BARS & KNEIPEN – UNTERKÜNFTE

## *Karte 9*

# SPITALFIELDS *und* SHOREDITCH

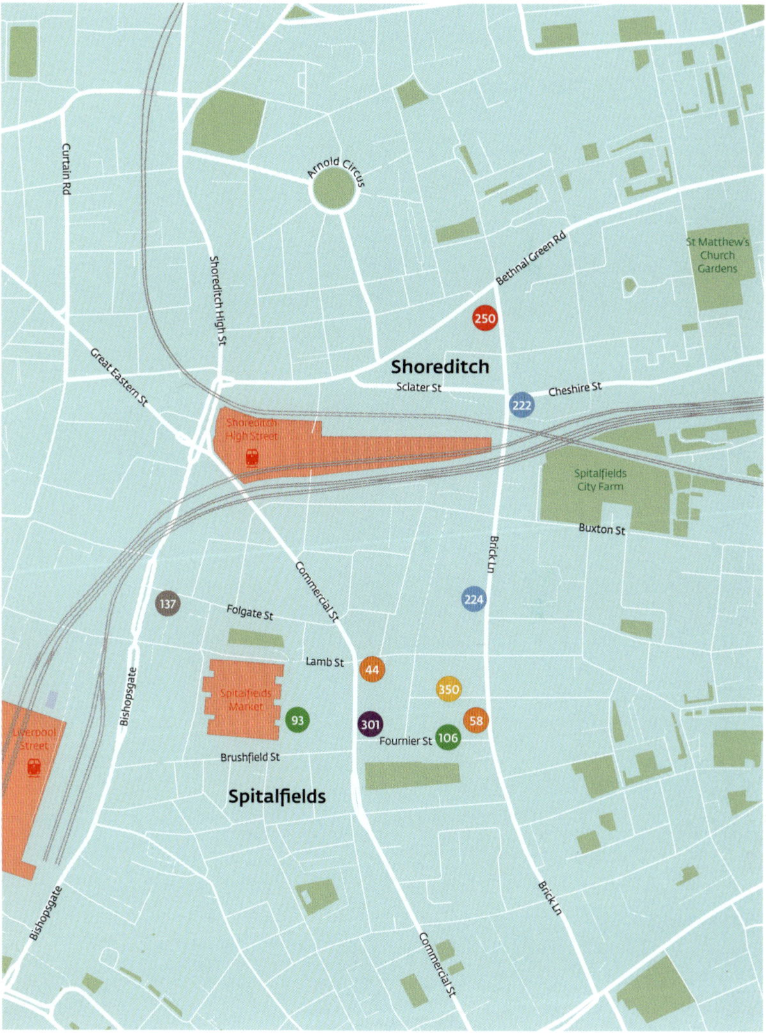


ENTDECKEN – ORTE & PLÄTZE – ARCHITEKTUR – KUNST & KULTUR – LÄDEN & GESCHÄFTE – ESSEN & TRINKEN – BARS & KNEIPEN – UNTERKÜNFTE

*Karte 10*

# HACKNEY

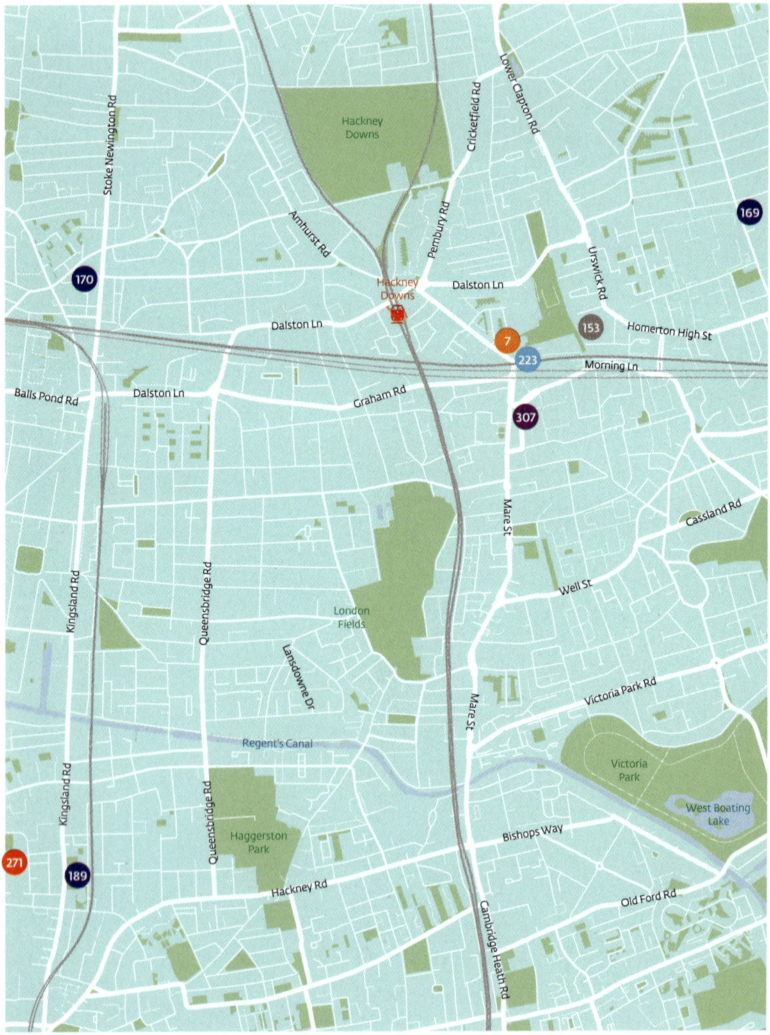


ENTDECKEN – ORTE & PLÄTZE – ARCHITEKTUR – KUNST & KULTUR – LÄDEN & GESCHÄFTE – ESSEN & TRINKEN – BARS & KNEIPEN – UNTERKÜNFTE

## *Karte 11*

# EAST LONDON

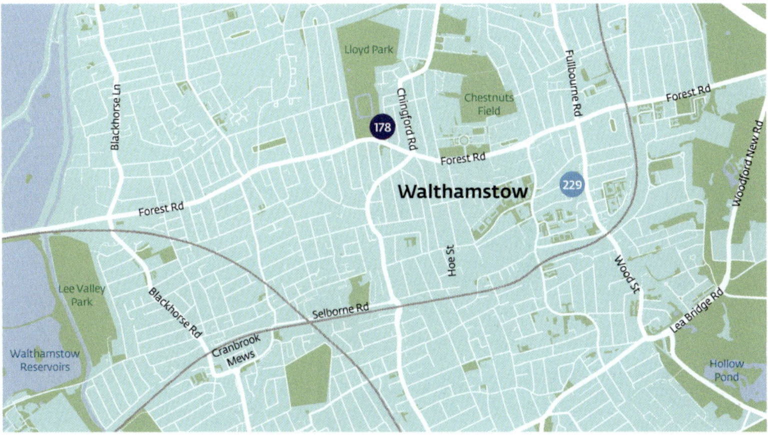

ENTDECKEN – ORTE & PLÄTZE – ARCHITEKTUR – KUNST & KULTUR – LÄDEN & GESCHÄFTE – ESSEN & TRINKEN – BARS & KNEIPEN – UNTERKÜNFTE

# Karte 12
# SOUTH LONDON

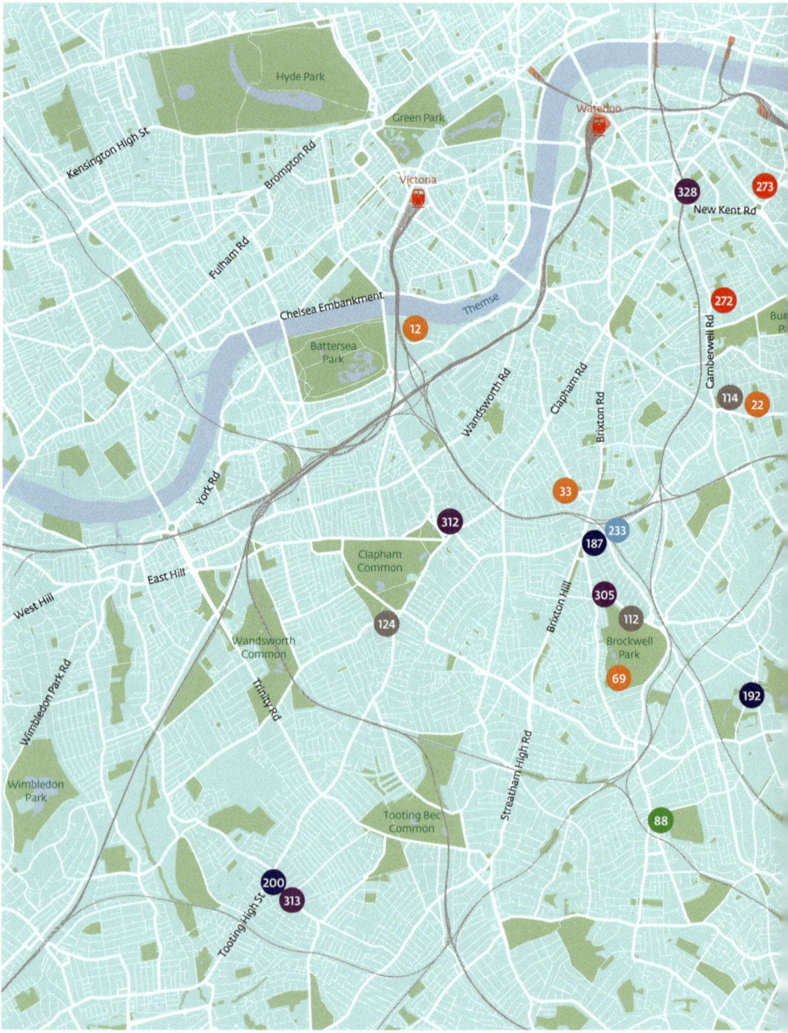


ENTDECKEN – ORTE & PLÄTZE – ARCHITEKTUR – KUNST & KULTUR – LÄDEN & GESCHÄFTE – ESSEN & TRINKEN – BARS & KNEIPEN – UNTERKÜNFTE

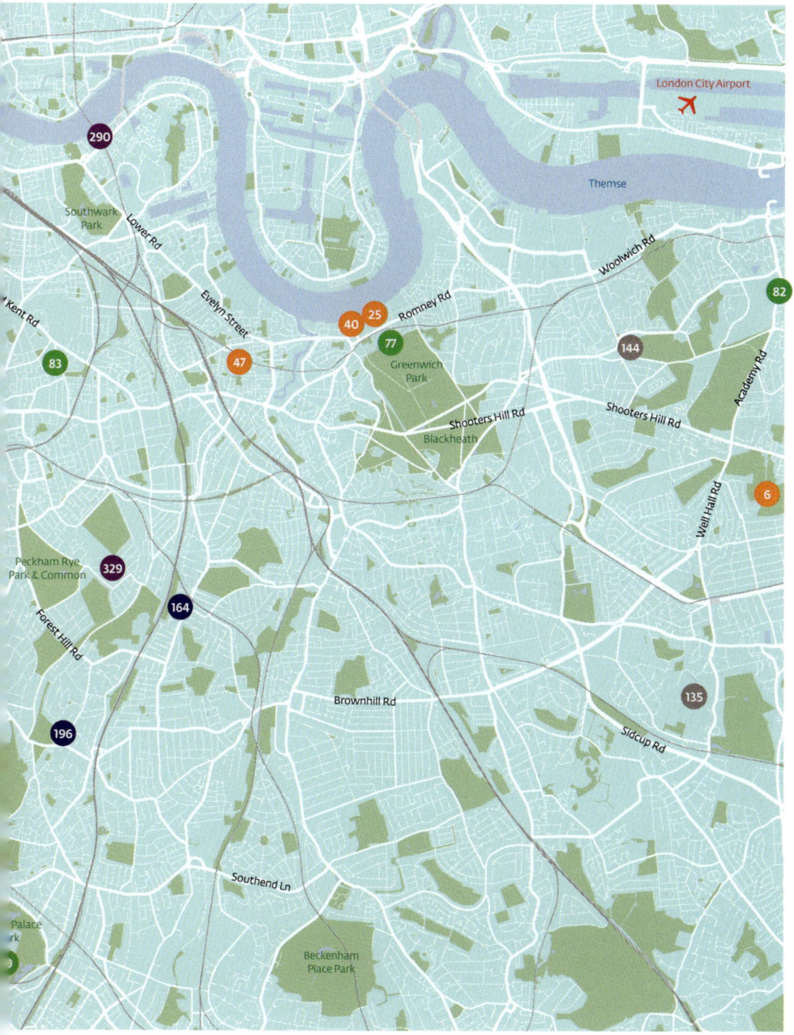


ENTDECKEN – ORTE & PLÄTZE – ARCHITEKTUR – KUNST & KULTUR – LÄDEN & GESCHÄFTE – ESSEN & TRINKEN – BARS & KNEIPEN – UNTERKÜNFTE

*Karte 13*

# WEST LONDON

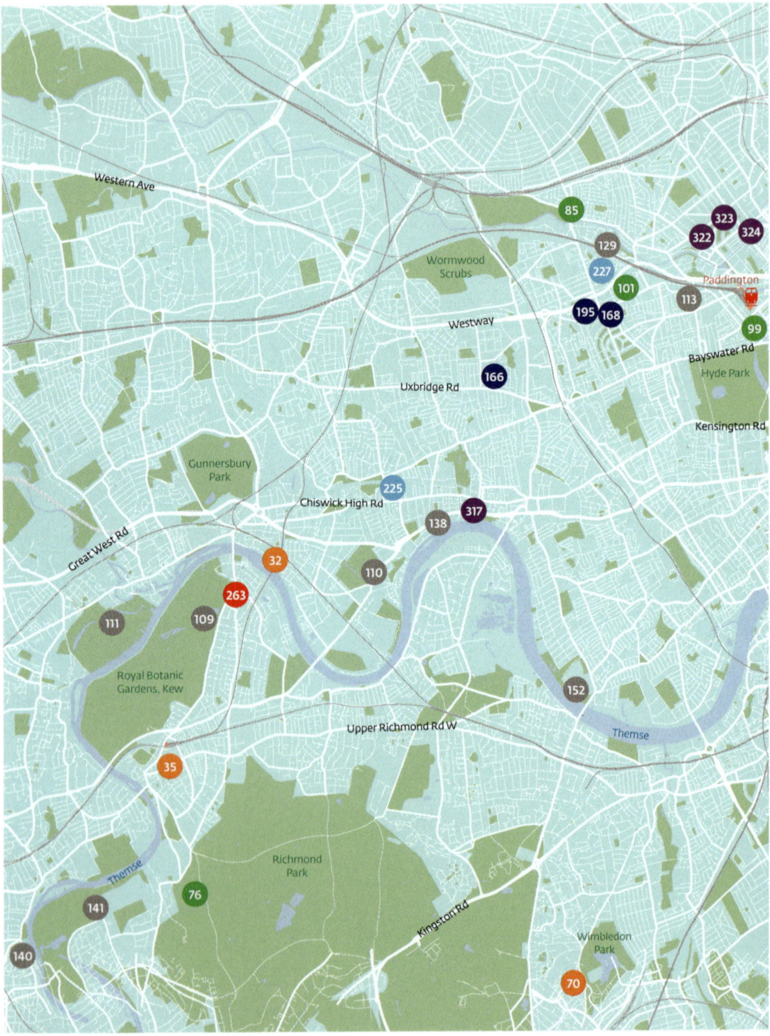


ENTDECKEN – ORTE & PLÄTZE – ARCHITEKTUR – KUNST & KULTUR – LÄDEN & GESCHÄFTE – ESSEN & TRINKEN – BARS & KNEIPEN – UNTERKÜNFTE

*Karte 14*

# NORTH LONDON

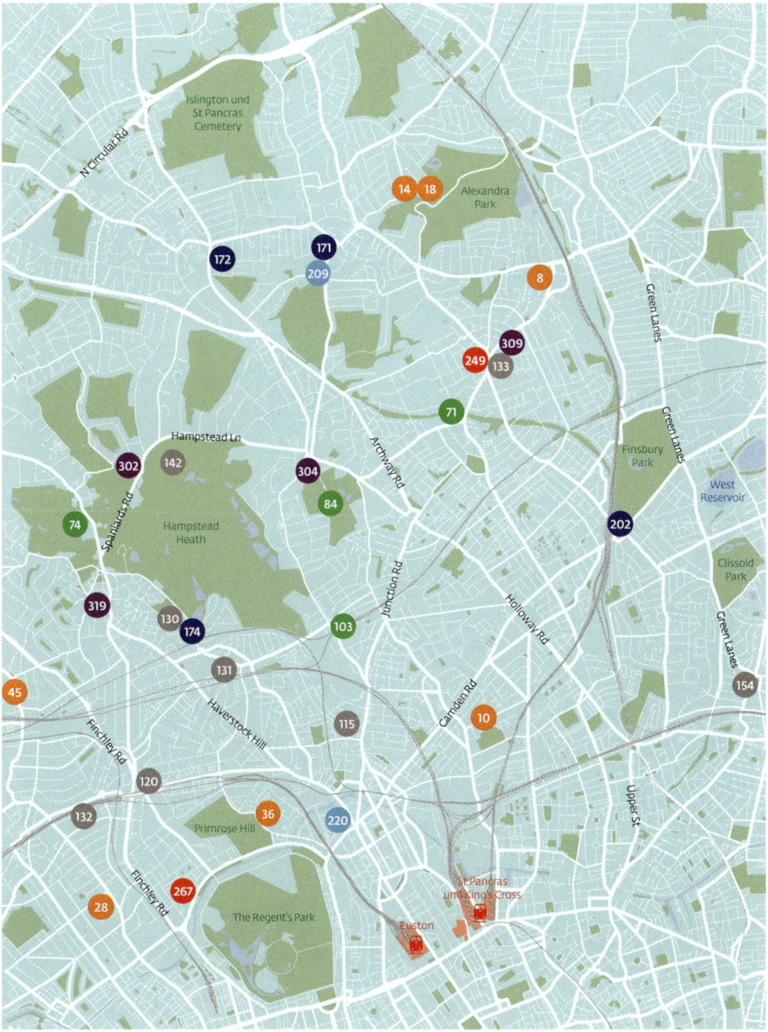


ENTDECKEN – ORTE & PLÄTZE – ARCHITEKTUR – KUNST & KULTUR – LÄDEN & GESCHÄFTE – ESSEN & TRINKEN – BARS & KNEIPEN – UNTERKÜNFTE

43 **CAHOOUTS**

# ENTDECKEN

*Geheimnisse* **IM UNTERGRUND** 28

*Zeitlose* **TÜRME** 32

*Ikonische Gebäude der* **INDUSTRIE** 35

*Gut gehütete* **ÜBERRASCHUNGEN** 40

*Ausgefallene* **STADTMÖBEL** 42

**DECKEN**, *die sprachlos machen* 46

*Auf den Spuren der* **BEATLES** 48

*Wohnstätten von* **BERÜHMTHEITEN** 50

*Historische* **BOOTE** 52

*Orte mit* **VINTAGE-FLAIR** 54

**STATUEN** *und ihre Geschichten* 58

**KULTSTÄTTEN** *mit Historie* 61

*Relikte aus der* **RÖMERZEIT** 65

**EVENTS** *mit langer Tradition* 67

## *Geheimnisse*

# IM UNTERGRUND

1 **CRYSTAL PALACE SUBWAY**
**Crystal Palace Parade**
**SE19 1XX**
**South ⑫**
***cpsubway.org.uk***

Die reich verzierte viktorianische U-Bahn-Station entstand als Zugang zum prächtigen *Crystal Palace* und unterirdischer »Hingucker«. Ein leerer Raum mit elegant gewölbter Decke und Säulen, verkleidet mit weißen und terrakottafarbenen Ziegeln. Nachdem der Kristallpalast in den 1930ern abgebrannt und die U-Bahn-Linie stillgelegt worden war, hatte sich wenig getan. Der Bahnhof ist einige Male jährlich der Öffentlichkeit zugänglich, wobei die *Friends of Crystal Palace* daran arbeiten, ihn für die Allgemeinheit zu erhalten.

2 **BASCULE CHAMBER**
AN DER TOWER BRIDGE
**Tower Bridge Rd**
**SE1 2UP**
**South Bank ②**
**+44 (0)20 7403 3761**
***towerbridge.org.uk/basculechamber***

Die *Tower Bridge*, das wohl berühmteste Wahrzeichen Londons, überspannt als ikonisches Bauwerk seit den 1880ern die Themse. Ein beeindruckender Anblick mit seinen großen Türmen und modernem Glasgang, wobei sich im Untergrund ein bemerkenswertes Phänomen verbirgt: Als Klappbrücke *(Bascule)* besitzt sie einen ausgedehnten unterirdischen Raum, so konstruiert, dass sich die Gegengewichte beim Anheben der Brücke bewegen können (wenn für die Schifffahrt notwendig). Natürlich ist dieser in der Regel nicht öffentlich zugänglich, wird jedoch hin und wieder als atemberaubender Veranstaltungsort für Konzerte oder Kunstinstallationen genutzt. Sie können auch im Rahmen einer Führung »Behind the Scenes« einen Blick hinein werfen.

### 3 MAIL RAIL

BEIM POSTAL MUSEUM
**15–20 Phoenix Place**
**WC1X 0DA**
**Clerkenwell ⑧**
**+44 (0)30 0030 0700**
***postalmuseum.org***

London besitzt ein zweites unterirdisches Verkehrssystem. Es ähnelt dem der U-Bahn (»Tube«) und diente der Postbeförderung. Das vor fast hundert Jahren (1927) vom Postdienst installierte Zugnetz beförderte Pakete, Postkarten und Päckchen durch die ganze Stadt mittels eines 10,5 km langen Tunnels. 2003 wurde es außer Betrieb gestellt, doch ein Teil des Tunnels im Rahmen des *Postal Museum* kürzlich wiedereröffnet. Besucher können heute wie einst ein Brief in einem winzigen U-Bahn-Zug auf den Schienen fahren.

### 4 THE CRYPT GALLERY

**165 Euston Rd**
**NW1 2BA**
**Bloomsbury ⑦**
**+44 (0)20 7388 1461**
***cryptgallery.org***

Unter der imposanten *St Pancras New Church* an der belebten Euston Road verbirgt sich eine etwas andere Galerie. Im 19. Jahrhundert genutzt als Krypta für Sargbestattungen, dient sie heute als stimmungsvoller Raum für Kunstausstellungen und kreative Events. Im Untergrund (Zugang durch die rote Tür seitlich der Kirche) stößt man auf die Ruhestätte von 557 Londoner Bürgern.

### 5 CHURCHILL WAR ROOMS

**King Charles St**
**SW1A 2AQ**
**Westminster ⑤**
**+44 (0)20 7416 5000**
***iwm.org.uk/churchill-war-rooms***

Unter den Straßen Westminsters erstreckt sich ein Netzwerk geheimer Bunker, die im Zweiten Weltkrieg von Premierminister Winston Churchill genutzt wurden. Die Räume dienten als Kommandozentrale der Regierung, als London bei deutschen Flugzeugangriffen (»The Blitz«) aus der Luft bombardiert wurde. In einem unterirdischen Museum kann man heute durch ehemalige Büros, Besprechungs- und Wohnräume wandern, die genauso erhalten sind wie sie 1945 verlassen wurden. Ein faszinierender Ort, der die Historie atmosphärisch dicht vermittelt.

1 CRYSTAL PALACE SUBWAY

# *Zeitlose* TÜRME

6 **SEVERNDROOG CASTLE**
Castle Wood
SE18 3RT
South ⑫
+44 (0)80 0689 1796
*severndroog castle.org.uk*

Einen tollen Blick auf die ausgedehnte Stadt bietet das »gotische« Fantasieschloss Serverndroog Castle (18. Jh.) auf dem *Shooters Hill*, einem der höchsten Punkte Londons. Sein Turm ohne Funktion, seit 1784 Vermessungspunkt für eine detaillierte Karte Englands, wurde bei den Luftangriffen 24 Stunden täglich zu Luftschutzzwecken genutzt. Nach einem Rundumblick von der 360-Grad-Aussichtsplattform lockt ein Besuch im schlosseigenen *Tearoom*.

7 **ST AUGUSTINE'S TOWER**
Mare St (bei Nr. 354)
E8 1HT
Hackney ⑩
+44 (0)20 8986 0029
*staugustinestower.org*

Als ältestes Gebäude des Borough of Hackney steht dieser Turm heute ganz für sich, seit der Rest des Kirchenbaus 1798 abgerissen worden war. Man kann die alte Wendeltreppe emporsteigen, um weit über die sich ständig verändernde Stadtlandschaft in East London zu blicken. Die Kirche selbst entstand bereits Ende des 13. Jahrhunderts, als Hackney noch eine dörfliche Siedlung außerhalb der Stadtgrenzen war. Heute liegt der Turm in einer vollständig urbanisierten Umgebung.

8 **ST MARY'S TOWER HORNSEY**
High St
N8 7NT
North ⑭
*hornseychurch tower.com*

Auch wenn es heute anders wirkt, ist *Hornsey* das älteste urkundlich erwähnte Dorf in London und dieser mittelalterliche Turm eines seiner ursprünglichsten Relikte. Umgeben von Pubs und Neubauwohnungen, ist er letzter Zeuge der einstigen Pfarrkirche aus dem 15. Jahrhundert. Deren ursprüngliches Areal nimmt heute ein von Freiwilligen gepflegter hübscher Park ein. Ein friedlicher Ort zum Verweilen, beliebt besonders bei Hundebesitzern und gartenlosen Stadtbewohnern.

8 ST MARY'S TOWER HORNSEY

9 **BT TOWER**
**60 Cleveland St**
**W1T 4JZ**
**Fitzrovia** ⑦

Von 1964 bis in die 1980er war das zylinderförmige Londoner Wahrzeichen höchstes Gebäude der Stadt, errichtet als *Post Office Tower* zu Telekommunikationszwecken zwischen London und dem Rest des Landes, bekrönt von einem auffälligen Drehrestaurant. Heute nach der BT Group (*British Telecommunications*) benannt, wird es noch immer für Telekommunikation genutzt, ist jedoch nicht mehr für die Öffentlichkeit zugänglich (außer beim jährlichen Festival Open House London). Fast überall in Fitzrovia jedoch ist der hohe Turm von Weitem gut erkennbar.

10 **CALEDONIAN PARK CLOCK TOWER**
**Market Rd**
**N7 9PL**
**North** ⑭
***callypark.london***

Der elegante weiße Turm im Cally Park, einer der jüngsten Aussichtspunkte Londons, ist schon wesentlich älter. Der restaurierte Uhrturm von 1855 bildete einst das Herzstück des *Caledonian Market*, eines riesigen Areals mit breitem Warenangebot vom Vieh bis hin zu einem Porzellan. Seit der Markt geschlossen ist, bietet der Turm Besuchern zumindest einen schönen Blick über die Stadt.

11 **THE MONUMENT**
**Fish St Hill**
**EC3R 8AH**
**City of London** ②
**+44 (0)20 7403 3761**
***themonument.org.uk***

Das mächtige Denkmal, eine 62 Meter hohe, frei stehende Säule, die in den 1670er-Jahren errichtet wurde, erinnert an den verheerenden Brand von London und den Wiederaufbau der Stadt, die von den Flammen weitgehend zerstört wurde. Es liegt nur einen Steinwurf von der Pudding Lane entfernt, wo in einer Bäckerei 1666 das Feuer ausgebrochen war. 311 Stufen führen hinauf zu einer Aussichtsplattform – für eine besondere Perspektive auf die Londoner City und deren Geschichte.

# *Ikonische Gebäude der*
# INDUSTRIE

12 **BATTERSEA POWER STATION**
**188 Kirtling St**
**SW8 5BP**
**South** ⑫
**+44 (0)20 7501 0688**
***batterseapower station.co.uk***

Das einstige riesige Kohlekraftwerk Battersea ist ein markantes Wahrzeichen, errichtet in den 1930ern als eines der größten Backsteingebäude der Erde. Bekannt wurde es jedoch eher durch die Tatsache, dass es 1977 auf dem Cover des legendären Albums *Animals* von Pink Floyd zu sehen war, mit einem riesigen aufblasbaren rosa Schwein, das zwischen zwei Schornsteinen schwebt. Die Anlage, in den 1970ern stillgelegt, stand anschließend Jahrzehnte leer, wobei diverse Nutzungen vom Themenpark bis zum Fußballstadion diskutiert wurden. Augenblicklich wird sie umfassend saniert und umgebaut in ein Wohnviertel mit Restaurants und Bars bis zum Flussufer unter Beibehaltung der unter Denkmalschutz stehenden ursprünglichen Form.

13 **TATE MODERN**
**Bankside**
**SE1 9TG**
**South Bank** ③
**+44 (0)20 7887 8888**
***tate.org.uk/modern***

Südlich der Themse gelegen, diente das einstige Ölkraftwerk *Bankside Power Station* der Elektrizitätsversorgung Londons. Das eindrucksvolle Gebäude mit riesiger Turbinenhalle und Einzelschornstein entstand in zwei Phasen zwischen 1947 und 1963. 1981 geschlossen, ist es heute Standort der *Tate Gallery of Modern Art* (kurz: Tate Modern). Beim Umbau blieben die ursprünglichen Merkmale erhalten und wurden umgenutzt wie man heute anschaulich erkennen kann. So dient die Turbinenhalle als höhlenartiger Eingang und Raum für Installationen, während im einstigen Kesselraum und in stillgelegten Öltanks aus Beton Ausstellungen zu sehen sind.

## 14 ALEXANDRA PALACE

**Alexandra Palace Way**
**N22 7AY**
**North ⑭**
**+44 (0)20 8365 2121**
***alexandrapalace.com***

Der hübsche viktorianische Bau auf einem Hügel im Norden Londons ist Zentrum diverser Aktivitäten wie Konzerte und Kongresse, mit Indoor-Eisbahn oder Teich zum Bootfahren. Eröffnet als »People's Palace«, dient er seit den 1870ern als Freizeit- und Erholungspark. Was man kaum vermuten würde, *Ally Pally* (so sein liebevoller Spitzname) ist auch Wiege des britischen Fernsehens: Denn 1935 pachtete die BBC (British Broadcasting Company) den östlichen Teil des Gebäudes und veranstaltete 1936 mittels eines noch heute erkennbaren hohen Masts ihre erste öffentliche Fernsehübertragung.

## 15 THE HOUSE MILL

**Three Mill Lane**
**E3 3DU**
**East ⑪**
**+44 (0)20 8980 4626**
***housemill.org.uk***

Als Relikt aus der Frühzeit der Industriellen Revolution ist dies die größte erhalten Gezeitenmühle der Welt. Das heutige Gebäude entstand 1776, doch das Grundbuch von England (Domesday Book) verzeichnet schon 1086 hier Mühlen. In der House Mill wurde im 18. Jahrhundert Mehl für die Bäcker Londons gemahlen und Gin produziert. Die riesigen Mahlsteine drehen sich nicht mehr, doch das faszinierende Gebäude unter Denkmalschutz ist noch bei Führungen geöffnet.

## 16 CROSSNESS PUMPING STATION

**Bazalgette Way**
**Abbey Wood**
**SE2 9AQ**
**+44 (0)20 8311 3711**
***crossness.org.uk***

Die viktorianische Zeit verwandelte selbst Pumpwerke für Abwasser in Schmuckstücke. Diese beeindruckende Anlage mit verschwenderischen vielfarbigen Eisenschmiedearbeiten, entstanden zwischen 1859 und 1865, sollte die Kanalisation der Stadt ertüchtigen, die einst direkt in die Themse mündete, um weitere Ausbrüche von Krankheiten wie der Cholera zu verhindern. In den 1950er-Jahren stillgelegt, rostete sie lange vor sich hin, doch ein Großteil ihrer Ausstattung und Maschinen wurde inzwischen restauriert, Konservierungsarbeiten sind noch im Gange. Die Station ist an mehreren Tagen im Jahr für Besucher geöffnet.

15 **THE HOUSE MILL**

# *Gut gehütete* ÜBERRASCHUNGEN

17 **FREIMAURERTEMPEL**
IM ANDAZ LONDON
**40 Liverpool St**
**EC2M 7QN**
**City of London** ②
**+44 (0)20 7961 1234**
***hyatt.com***

Das ehemalige viktorianische Eisenbahnhotel *Andaz London* Liverpool Street wurde renoviert, mit überraschendem Ergebnis: Der Abriss einer Mauer legte auf wundersame Weise einen Freimaurertempel (*Masonic Temple*) vom Beginn des 20. Jahrhunderts frei: Das opulente Wunderwerk aus Marmor und Mahagoni, komplett mit »Himmelskörper«-Decke und originalen Freimaurerstühlen, zählt inzwischen zu den nicht mehr so gut gehüteten Geheimnissen der Stadt.

18 **ALEXANDRA PALACE THEATRE**
**Alexandra Palace Way**
**N22 7AY**
**North** ⑭
**+44 (0)20 8365 2121**
***alexandrapalace.com/theatre***

Das Theater im bekannten *Alexandra Palace*, eröffnet 1875, verfiel später und geriet zunehmend in Vergessenheit. Nach 80 Jahren Leerstand wurde es 2018 wieder in Betrieb genommen, doch Jahrzehnte der Verwahrlosung ließen sich nicht leugnen: Der prächtige Originalputz, Anstriche und viktorianische Ausstattungsdetail wurden mit sämtlichen Schäden konserviert, was dem Theater heute den romantischen Eindruck verleiht, hier sei die Zeit buchstäblich »eingefroren«.

19 **KNEIPE DER BEEFEATERS**
BEIM TOWER OF LONDON
**EC3N 4AB**
**City of London** ②

Der *Tower of London* ist für mancherlei bekannt: Mythen und Geschichte, die Kronjuwelen, das »Verrätertor« (*Traitor's Gate*) oder die Raben, die dort zu Hause sind. Gleichwohl birgt er als Weltkulturerbe noch Geheimnisse in seinen alten Mauern wie eine namenlose Kneipe – The Keys, ein Mini-Pub ausschließlich für die »Beefeaters« (offizielle Bezeichnung: *Yeoman Warders*), die dort als Ordnungstruppe leben und arbeiten. Nur in deren Begleitung haben Sie dort Zutritt.

17 FREIMAURERTEMPEL IM ANDAZ HOTEL

# *Ausgefallene* STADTMÖBEL

## 20 HISTORISCHE GASLAMPEN

**Birdcage Walk**
**SW1A 2BJ**
**Westminster ⑤**

In London, einer der bedeutenden modernen Weltmetropolen, gibt es noch immer etwa 1500 Straßenlaternen, die mit Gas statt mit Strom betrieben werden. Viele dieser kunstvoll geschmiedeten Eisenleuchten sind Überlebende aus viktorianischer Zeit, als über 40 000 Gaslampen die Bürgersteige Londons nachts in sanftes Licht tauchten. Die meisten der 200 Jahre alten Objekte konzentrieren sich heute im historischen Kern der Stadt, im Bezirk Westminster, einige der ältesten entlang des Birdcage Walk am *St James's Park*.

## 21 MINI-POLICE-STATION

**Trafalgar Square**
**WC2N 5NJ**
**Covent Garden ①**

Genau genommen handelt es sich hier nicht wirklich um eine *Police Station*, denn sie bietet kaum Platz für mehr als eine Person – doch das skurrile kleine Gebäude an der südöstlichen Ecke des Trafalgar Square wurde von der Metropolitan Police genutzt, um auf dem berühmten Platz das Kommen und Gehen des Publikums im Auge zu behalten. Es stand einst in direkter Verbindung zur städtischen Polizeibehörde Scotland Yard, und oben blinkte eine Lampe, sollte es Probleme geben und der zuständige Beamte Verstärkung benötigen. Inzwischen werden die Stationen nicht mehr genutzt, wenngleich sich hartnäckig das Gerücht hält, dass diese der Bezirksrat Westminster Council zum Verstauen von Reinigungsmitteln verwendet …

## 22 STRETCHER RAILINGS

BEI LONGLEIGH HOUSE

**Peckham Rd**
**SE5 8UW**
**South** ⑫

Von den Luftangriffen auf London im Zweiten Weltkrieg (»The Blitz«) gibt es nur wenige Relikte – die Schäden wurden repariert, die zerstörten Grundstücke in der Regel überbaut. Nur etwas erinnert noch an diese destruktive Phase der Stadtgeschichte, was selbst vielen Londonern nicht auffällt, die sog. *Stretcher Railings* – metallene Gitterzäune (*railings*) aus Luftschutztragen (*stretchers*), mit denen man damals verwundete Zivilisten transportierte. Eine schlaue Wiederverwendung der nach dem Krieg zahlreich vorhandenen Bahren als Ersatz für die zuvor für Kriegszwecke gespendeten ursprünglichen Gitter in den Wohnvierteln. Man findet solche Zäune u. a. vor *Tabard Gardens* in Borough (Manciple Street) oder *Longleigh House* in Peckham sowie verschiedenen anderen Wohnarealen, die meist südlich der Themse liegen.

22 STRETCHER RAILINGS

Vegan
OPEN

## 23 POLICE POSTS & BOXES

BEI ST BOTOLPH'S

**Aldgate High St**
**EC3N 1AB**
**City of London** ②

Sollten Sie der Meinung sein, dass die kleinen blauen Büdchen der fiktiven Raum-Zeit-Maschine TARDIS aus der Science-Fiction-Serie *Dr. Who* ähneln, so liegt das daran, dass diese tatsächlich den Londoner *Police Boxes* nachempfunden wurde. Deren Zweck allerdings war wesentlich profaner: Einst allgegenwärtig, wurden sie in den 1920ern in ganz London eingeführt, um patrouillierenden Beamten und Zivilisten den Kontakt zur nächsten *Police Station* zu ermöglichen. Das Beispiel einer solch traditionellen *Police Box* im ursprünglichen Design findet man vor der Earls Court Station, eine Handvoll kleinerer hellblauer *Police Posts* wie den vor der Kirche St Botolph's in Aldgate, in der ganzen Stadt verteilt. Inzwischen längst außer Funktion, wurden diese Rufposten unter Denkmalschutz gestellt.

## 24 CABMEN'S SHELTERS

**23 Russell Square**
**WC1H 0XG**
**Bloomsbury** ⑦

London war einst übersät mit hübschen grünen Hütten *(shelters)*, nicht größer als ein Pferdewagen, die Taxifahrern *(cabmen)* aus der ganzen Stadt Unterstand und Schutz boten. Sie wurden von der 1875 gegründeten Wohltätigkeitsorganisation *Cabmen's Shelter Fund* für Kutscher und später auch Fahrer der schwarzen Taxis aufgestellt und betrieben – mit dem Hintergedanken, diese bei der Arbeit vom Trinken in Londoner Pubs abzuhalten. Die Fahrer erhielten dort heiße Getränke, Mahlzeiten, Zeitungen und einen trockenen Ort für Wartezeiten auf die nächste Fahrt an regnerischen Tagen. Einige der charmanten Häuschen wie das am Russell Square, haben sich erhalten und servieren als günstige Imbissbuden durch eine Luke Fahrern und anderen Passanten günstig eine Tasse oder etwas Deftiges zu essen.

# DECKEN,
## *die sprachlos machen*

25 **PAINTED HALL**
IM OLD ROYAL NAVAL COLLEGE
**King William Walk**
**SE10 9NN**
**South** ⑫
**+44 (0)20 8269 4747**
***ornc.org***

Das spektakuläre Interieur der *Painted Hall* im *Royal Naval College*, entworfen von den Barockmeistern Sir Christopher Wren und Nicholas Hawksmoor, 1727 vollendet, nimmt einem schier den Atem mit seinen eleganten Bogenfenstern und reich verzierten Wänden. Eigentliches Highlight jedoch ist das opulente Deckenbild mit Darstellungen von Monarchen, politischen Allianzen und der Seemacht Großbritannien. Für seine Fertigstellung benötigte der Maler Sir James Thornhill 19 Jahre, ein unglaubliches Maß an Aufwand und Mühe, die da in seine Schöpfung flossen.

26 **BANQUETING HOUSE**
**Whitehall**
**SW1A 2ER**
**Westminster** ⑤
**+44 (0)33 3320 6000**
***hrp.org.uk/banqueting-house***

Das Banqueting House, letztes bestehendes Gebäude des Whitehall Palace, beherbergt im Bankettsaal die einzig erhaltenen Deckenbilder von Peter Paul Rubens. Wohl in Auftrag gegeben von König Charles I. und 1636 installiert, zeigen die wertvollen Gemälde allegorische Huldigungen an die Herrscher der Stuart-Dynastie, besonders Charles' Vater, James I. (*Vereinigung der Königreiche*, *Apotheose*, *Friedvolles Regiment*).

27 **FITZROVIA CHAPEL**
**2 Pearson Square**
**W1T 3BF**
**Fitzrovia** ⑦
**+44 (0)20 3409 9895**
***fitzroviachapel.org***

Die goldene, sternenübersäte, kunstvoll mit Mosaiken verzierte Decke der Fitzrovia Chapel muss man einfach gesehen haben. Die kleine Kapelle, einst Teil des Middlesex Hospital und nie geweiht, ist meist am Mittwoch zu stiller Einkehr und Meditation geöffnet. Eine gute Gelegenheit, ihr kunstvolles Inneres zu bewundern.

25 **PAINTED HALL IM OLD ROYAL NAVAL COLLEGE**

# *Auf den Spuren der*
# BEATLES

28 **ABBEY ROAD STUDIOS**
**3 Abbey Rd**
**NW8 9AY**
**North ⑭**
**+44 (0)20 7266 7000**
***abbeyroad.com/crossing***

Dank ihres gleichnamigen elften Studioalbums *Abbey Road* von 1969, das alle vier Bandmitglieder beim Überqueren eines Zebrastreifens vor den Abbey Road Studios zeigt, ist dies der wohl bekannteste Beatles-Schauplatz der Welt. Die Kreuzung selbst vor dem Studio, wo die meisten Alben der legendären Band aufgenommen wurden, gilt bis heute als Mekka für Musikfans (und häufiges Hindernis für lokale Autofahrer!). Viele gehen für ein Foto selbst über Straße, und um draußen an der Studiowand eine Notiz zu hinterlassen.

29 **34 MONTAGU SQUARE**
**W1H 2LJ**
**Marylebone ⑥**

Diese Erdgeschosswohnung nicht weit von den Abbey Road Studios hatte Schlagzeuger Ringo Starr Mitte der 1960er-Jahre gemietet. Paul McCartney mietete sie von ihm und arbeitete damals wohl an Songs wie »I'm Looking Through You« und »Eleanor Rigby«, während ein anderer Mieter Ringos, Jimi Hendrix, dort »The Wind Cries Mary« komponierte. John Lennon und Yoko Ono wiederum posierten hier während eines Aufenthalts für ihre Nacktserie auf dem Cover ihrer beiden *Two-Virgins*-Alben. An Lennons Aufenthalt in dem inzwischen in Privatbesitz befindlichen (und nicht mehr öffentlich zugänglichen) Anwesen erinnert eine blaue Plakette. Könnte man doch eine Fliege an diesen Wänden sein …

30 **THE LONDON PALLADIUM**

**Argyll St**
**W1F 7TF**
**Soho ①**
**+44 (0)20 7087 7747**
***lwtheatres.co.uk/the-london-palladium***

Was markierte eigentlich den Beginn der »Beatlemania«? Wohl der 13. Oktober 1963, als die Beatles im Palladium, einem der bekanntesten Theater Londons, auftraten. Als Teil der Show *Sunday Night*, die, im Fernsehen übertragen, von Millionen Zuschauern verfolgt wurde. Die »Fab Four« spielten dort »She Loves You« sowie »Twist and Shout«, bevor sie das Gebäude verließen, wo sie sofort von kreischenden Fanmassen umringt wurden. Draußen an der Argyll Street bis hin zur Oxford Street kann man sich das chaotische Szenario mit wenig Fantasie vorstellen.

31 **THE BRITISH LIBRARY**

**96 Euston Rd**
**NW1 2DB**
**King's Cross ⑦**
**+44 (0)33 0333 1144**
***bl.uk***

Die British Library, größte Nationalbibliothek der Welt mit einer Sammlung von über 170 Millionen Titeln, besitzt auch unschätzbares Material über die Beatles. In einer Dauerausstellung der »Treasures of the British Library« findet man – neben anderen Ikonen der Nation wie der Magna Charta oder originalen Shakespeare-Folianten – auch frühe handschriftliche Textentwürfe John Lennons zu »Strawberry Fields Forever«, »She Said She Said« und »In My Life«.

32 **THE CITY BARGE**

**27 Strand-on-the-Green**
**W4 3PH**
**West ⑬**
**+44 (0)20 8994 2148**
***citybargechiswick.com***

Dieses historische Pub, das direkt am Fluss in Chiswick liegt (schon seit dem 14. Jahrhundert gibt es hier eine Kneipe), wurde später legendär – als Drehort für *Help!*, den zweiten Spielfilm der Beatles von 1965. Drinnen kann man dann zur Erinnerung nach Ringo-Art »Two lagers and lime and two lagers and lime« ordern. Danach schnappt man sich eine der Bänke auf dem Weg vor die Tür und genießt draußen die hübsche Lage an der Themse.

# *Wohnstätten von* BERÜHMTHEITEN

33 **40 STANSFIELD ROAD**
**SW9 9RY**
**South ⑫**

Der Popstar David Bowie verbrachte seine Kindheit in einem bescheidenen Reihenhaus (*Terraced House*) in Brixton. Heute in Privatbesitz und wenig spektakulär, zieht es gleichwohl noch immer Fans an, die früheste Stätte ihres Idols zu besuchen. Wenn Sie schon einmal in der Gegend sind, werfen Sie einen Blick auf das farbenfrohe Bowie-Wandgemälde an der Brixton Road gegenüber der gleichnamigen U-Bahn-Station.

34 **153 CROMWELL ROAD**
**SW5 0TQ**
**Kensington ④**

Der in Großbritannien geborene Regisseur Alfred Hitchcock bewohnte vor seinem Hollywood-Erfolg in den 1920ern mit seiner frisch angetrauten Gattin Alma eine Zeit lang eine Wohnung im oberen Stockwerk dieses schicken Hauses in einer ruhigen Ecke von Earls Court, West London. Eine blaue Denkmalplakette erinnert noch daran.

35 **34 PARADISE ROAD**
**TW9 1SE**
**West ⑬**

In dem mit Glyzinien bewachsenen symmetrischen »Hogarth House« im Zentrum von Riverside Richmond lebten Virginia und Leonard Woolf 1915 bis 1924 und gründeten hier 1917 ihren nach dem Haus benannten Verlag Hogarth Press (Erinnerungsplakette rechts der Tür). Sie begannen zunächst in ihrem Esszimmer, Bücher von Hand zu drucken, und publizierten schließlich das Langgedicht *The Waste Land* (*Das wüste Land*) von T. S. Eliot, die gesammelten Werke Sigmund Freuds, aber auch Virginias eigenen einflussreichen Essay *A Room of One's Own* (*Ein Zimmer für sich allein*).

36 **3 CHALCOT SQUARE**
**NW1 8YB**
**North ⑭**

Dieses Gebäude in einer wirklich hübschen Ecke Londons ist mit einer blauen Erinnerungsplakette als Heimstätte der Amerikanerin Sylvia Plath ausgewiesen. In einem der bunten Stadthäuser lebte die Schriftstellerin mit ihrem Ehemann Ted Hughes 1960/61. In ihrer Dachgeschosswohnung schrieb Plath ihren einzigen Roman *The Bell Jar* (*Die Glasglocke*) sowie den ersten Band ihrer Gedichte. Sie lebte auch im nahegelegenen Gebäude 23 Fitzroy Road, wo sie verstarb. Auch dieses trägt eine blaue Plakette, allerdings als Elternhaus des Dichters W. B. Yeats.

37 **24 CHESTER SQUARE**
**SW1W 9HS**
**Belgravia ⑤**

Nicht an einem düsteren Ort, wie man es vielleicht von der Autorin des Romans *Frankenstein* erwarten könnte, lebte und arbeitete Mary Wollstonecraft Shelley. Ihre letzten Lebensjahre ab 1846 verbrachte sie in dem freundlich wirkenden, großen, hellen Stadthaus an einem eleganten Platz in Belgravia, nachdem sie ein turbulentes und tragisches Leben durch ganz Europa geführt hatte. Hier starb sie auch am 1. Februar 1851 (Plakette hoch über dem Eingang).

38 **102 EDITH GROVE**
**SW10 0NH**
**Chelsea ④**

Keine blaue Plakette erinnert heute an diesem Reihenhaus in Edith Grove südlich der King's Road daran, dass in den frühen Tagen der Rolling Stones Anfang der 1960er-Jahre in einem seiner Apartments Mick Jagger, Keith Richards und Brian Jones wohnten.

# *Historische* BOOTE

39 **WORD ON THE WATER**
**Regent's Canal Towpath (Nähe Granary Square)**
**N1C 4BZ**
**King's Cross ⑦**
***wordonthewater.co.uk***

In dieser schwimmenden Buchhandlung auf einem hundert Jahre alten holländischen Frachtkahn holt man sich den neuesten Roman, kann an einer Lesung teilnehmen oder es sich im Winter neben dem Holzofen gemütlich machen. Er liegt vertäut am *Regent's Canal* nicht weit vom Granary Square – einem ehemaligen Kanalhafen, der zu einem Naherholungsgebiet mit Gastronomie umgestaltet wurde – und Coal Drops Yard – einem hippen Einkaufskomplex in einem restaurierten einstigen Eisenbahnviadukt aus viktorianischer Zeit.

39 WORD ON THE WATER

## 40 CUTTY SARK

**King William Walk**
**SE10 9HT**
**South ⑫**
**+44 (0)20 8312 6608**
***rmg.co.uk/cutty-sark***

Der ehemalige Woll- und Teeklipper *Cutty Sark* von 1869, heute als elegante nautische »Zeitkapsel«, ummantelt von Eisen und Glas, im Trockendock an einer Themseschleife liegend, war einst eines der schnellsten Segelschiffe seiner Zeit. Es transportierte Tee über die Meere von China nach London und australische Wolle rund um den Globus nach Großbritannien. Heute kann man auf seinem historischen Deck umherwandern und sogar ganz nah an seinen kupfernen Rumpf treten.

## 41 HMS BELFAST

**The Queen's Walk**
**SE1 2JH**
**South Bank ③**
**+44 (0)20 7416 5000**
***iwm.org.uk/hms-belfast***

Die HMS *Belfast* auf der Themse im Schatten der Tower Bridge mitten im Stadtzentrum wirkt alles andere als bedrohlich. Das imposante Kriegsschiff der Royal Navy, das den Zweiten Weltkrieg überlebte und später ausgemustert wurde, wird dort, auf Dauer fest verankert, vom IWM (Imperial War Museum) museal genutzt. Es wirkt beinahe surreal, die neun mit Waffen bestückten Decks des Schlachtschiffs zu erkunden – einem von nur drei, die von der Bombardierungsflotte des D-Day (Landung der Alliierten in der Normandie) übrig blieben –, während drumherum das normale Alltagsleben Londons weitergeht.

## 42 THE GOLDEN HINDE

**Cathedral St**
**SE1 9DE**
**South Bank ③**
**+44 (0)20 7403 0123**
***goldenhinde.co.uk***

Unter dem Kommando des elisabethanischen Eroberers Sir Francis Drake war die *Golden Hinde* (Goldene Hirschkuh) im 16. Jahrhundert bekanntlich das erste englische Schiff, das den Globus umrundete. Das eindrucksvolle schwarz-rot-goldene Modell, das heute an der South Bank liegt, ist eigentlich eine Nachbildung – das Original verrottete einst in einer Werft in Deptford, seine besten Teile verwendete man für einen Stuhl, den heute die Bodleian Library in Oxford besitzt. Die Replik aus den 1970ern, die unter Verwendung traditioneller Schiffbautechniken dem strapazierfähigen Original von Drake so weit wie möglich nachempfunden wurde, kann täglich besichtigt werden.

## Orte mit

# VINTAGE-FLAIR

### 43 CAHOOTS

**13 Kingly Court**
**W1B 5PW**
**Soho ①**
**+44 (0)20 7352 6200**
***cahoots-london.com***

Die smarte Themenbar entführt direkt ins London der 1940er-Jahre. Man fühlt sich wie in einer alten U-Bahn-Station, das fantastische Innendekor der Zeit lässt daran keinen Zweifel. Zur überzeugenden Inszenierung mit Theaterelementen gehören auch zeitgenössische Kostüme, allerlei Vintage-Dekor und Retro-Melodien – neben einer Cocktailkarte auf Zeitungspapier. Toll ist ein Platz im alten U-Bahn-Wagen – die einzige »Tube« in London, wo Alkohol erlaubt ist!

### 44 POPPIE'S FISH & CHIPS

**6–8 Hanbury St**
**E1 6QR**
**Spitalfields ⑨**
**+44 (0)20 7247 0892**
***poppiesfishand chips.co.uk***

Dieser Fish-and-Chips-Laden im Retro-Stil mit Music-Hall-Melodien und Mitarbeitern in Vintage-Uniformen geht zurück bis in die 1950er-Jahre, als sein Besitzer Pit »Pop« Newland erstmals begann, Frittiertes zu verkaufen. Angeboten werden heute klassische East-End-Gerichte wie Aal in Aspik, Spargel oder leckerer Fisch von einwandfreier Herkunft mit super heißen Pommes. Filialen gibt es auch in Camden und Soho.

### 45 BOBBY FITZPATRICK

**273 West End Lane**
**NW6 1QS**
**North ⑭**
**+44 (0)20 7433 1989**
***bobbyf.co.uk***

Nach ein bis zwei Drinks in dieser Bar hat man ihre Retro-Fliesen ins Herz geschlossen. Sie ist ganz im Stil der 1970er-Jahre gehalten, mit einer Auswahl kräftiger, oft unvermittelt aufeinanderprallender Tapetenmuster in gedeckten Tönen. Sie werden sich schnell einstimmen, wenn Sie auf einem der Rattan-Stühle Platz nehmen, unter einem Pflanzenhänger aus Makramee.

## 46 MAGGIE'S CLUB

329 Fulham Rd
SW10 9QL
Chelsea ④
+44 (0)20 7352 8512
*maggies-club.com*

Wer sich für die 1980er-Jahre begeistern kann, wird die Atmosphäre bei Maggie's lieben, wo die Tische die Form des Zauberwürfels »Rubik's Cube« annehmen, man Dauerwellen trägt und auf den Toiletten Reden von Maggie Thatcher gestreamt werden. Wer möchte, kann sogar Cocktails aus dem Kopf der ehemaligen Premierministerin trinken, während im Hintergrund die Hits der 1980er dröhnen.

## 47 LITTLE NAN'S BAR

BEIM DEPTFORD MARKET YARD

Arches 13–15
SE8 4BX
South ⑫
+44 (0)77 9220 5375
*littlenans.co.uk*

Diese gemütliche, fröhliche Bar richtete der Eigentümer einst zu Ehren seiner verstorbenen Großmutter Jojo ein. Der Standort in Deptford (es gibt weitere Ableger in Fitzrovia und Stockwell) präsentiert sich als Retro-Wohnzimmer in einem Eisenbahn-Viaduktbogen, vollgestopft mit skurrilen Vintage-Memorabilien wie Büchern über Prinzessin Diana, gerahmten Fotos ehemaliger »Seifenopern«-Stars und modernem Schnickschnack. Lassen sie das alberne Ambiente bei einem süßen Cocktail auf sich wirken!

## 48 MR FOGG'S TAVERN

58 St Martin's Lane
WC2N 4EA
Covent Garden ①
+44 (0)20 7581 3992
*mr-foggs.com*

In London ist man zwar gefühlt nie weiter als seine Straße vom nächsten Pub entfernt, doch wenn Sie auf der Suche nach etwas wirklich Eindrucksvollem sind, schauen Sie in Mr Fogg's Tavern vorbei. Das viktorianische Stilgemisch, inspiriert vom Exzentriker Phileas Fogg aus Jules Vernes Roman *In 80 Tagen um die Welt*, ist mit einer wechselnden skurrilen Auswahl an Memorabilien dekoriert. Die Getränke werden in Humpen serviert, von Mitarbeitern mit antiken Schürzen, und lautes Singen in der Gruppe ist ausdrücklich erwünscht.

ENGLISH
Shredded wheat
FROSTIES

# STATUEN

## *und ihre Geschichten*

49 **MARY SEACOLE**
**Lambeth**
**SE1 7GA**
**South Bank ③**

Vor dem St. Thomas Hospital am Themseufer mit Blick auf das Parlament steht trotzig Mary Seacole, die aus Jamaika stammte und als Krankenschwester während des Krimkriegs im 19. Jahrhundert verwundete britische Soldaten versorgte. Ihre Statue von Martin Jennings, 2016 enthüllt, war das erste einer farbigen Frau gewidmete öffentliche Denkmal in Großbritannien.

50 **NATIONAL FIREFIGHTERS MEMORIAL**
**St Paul's Churchyard**
**EC4M 8BX**
**City of London ②**
***firefighters memorial.org.uk***

Drei Bronzefiguren in den Carter Lane Gardens stellen Feuerwehrleute dar, die die schweren Feuerstürme bekämpften, als im Zweiten Weltkrieg nach intensivem Bombardement in Zusammenhang mit dem »Blitz« riesige Teile Londons brannten. Anfang der 1990er-Jahre aufgestellt, wurde das Denkmal später zum nationalen Monument erhoben – zur Erinnerung an alle Feuerwehrler, die im Dienst verstarben. Der Sockel trägt die Namen derer, die in Friedenszeiten umkamen.

51 **MILLICENT FAWCETT**
**Parliament Square**
**SW1P 3BD**
**Westminster ⑤**

Nach monatelangen Kampagnen unter der Aktivistin Caroline Criado Perez wurde 2018 das erste Denkmal einer Frau auf dem *Parliament Square* enthüllt: die Figur der Suffragette Millicent Fawcett von Gillian Wearing. Sie trägt ein Banner mit der Aufschrift »Courage calls to courage everywhere« (Mut fordert überall Mut) und wurde in Auftrag gegeben zum 100. Geburtstag des »Representation of the People Act«, eines Gesetzes, das erstmals Frauen über dreißig das Wahlrecht einräumte.

51 MILLICENT FAWCETT

לא תרצח
לא תנאף
לא תגנב
לא תענה
לא תחמד
אנכי ה'
לא יהיה
לא תשא
זכור את
כבד את

# KULTSTÄTTEN

## *mit Historie*

52 **BEVIS MARKS SYNAGOGUE**
**4 Heneage Lane**
**EC3A 5DQ**
**City of London ②**
**+44 (0)20 7621 1188**
***sephardi.org.uk/bevis-marks***

Die schöne, friedliche Synagoge, die älteste Großbritanniens und einzige über 300 Jahre ununterbrochen genutzte in Europa, wurde 1701 errichtet und blieb bis heute fast unverändert. Sie versteckt sich in einem abgelegenen Innenhof, umgeben von modernen Wolkenkratzern wie The Gherkin, die nach Zerstörungen der Umgebung bei einem IRA-Anschlag entstanden waren. Zum günstigen Ticketpreis kann man den Raum an den meisten Wochentagen selbst erkunden, mittwochs, freitags und sonntags im Rahmen einer Führung.

53 **ST PANCRAS OLD CHURCH**
**Pancras Rd**
**NW1 1UL**
**King's Cross ⑦**
**+44 (0)20 7424 0724**
***stpancrasoldchurch.posp.co.uk***

In dieser hübschen Kirche lagert sich die Historie in Schichten ab. Das heutige Gebäude wurde 1847 nach längerem Verfall restauriert und rekonstruiert, doch kann das Gotteshaus auf eine Geschichte bis »mindestens zur normannischen Eroberung« zurückblicken, im Turm sollen sogar Ziegel aus der Römerzeit verbaut sein. Faszinierend ist der Friedhof nebenan. Dort liegen u. a. der Architekt Sir John Soane und Mary Wollstonecraft Shelley, die viele als Großbritanniens erste Feministin bezeichnen. Achten Sie auf den Baum der auf mysteriöse Weise von alten Grabsteinen umgeben ist (*The Hardy Tree*): Als man in den 1860er-Jahren wegen des Eisenbahnausbaus eine Reihe von Leichen exhumieren musste, um sie woanders beizusetzen, beschloss der damit Beauftragte, die Steine in einem Muster um einen Baumstamm herum zu legen. Es war der junge Schriftsteller Thomas Hardy, der später durch Romane wie *Tess von den Urbervilles* bekannt wurde.

## 54 ST ETHELDREDA'S CHURCH

**14 Ely Place**
**EC1N 6RY**
**Holborn ①**
**+44 (0)20 7405 1061**
***stetheldreda.com***

Bereits im Jahr 1250 erbaut, ist Saint Etheldreda die älteste Kirche Englands. Sie liegt am Ely Place auf Privatgelände, das einst offiziell zu Cambridgeshire gehörte, denn hier stand *Ely Palace*, die private Residenz der einflussreichen Bischöfe von Ely. Die alte Kirche, heute ein friedliches Refugium mit an den meisten Tagen offenen Türen, hatte eine wechselvolle Geschichte. In elisabethanischen Zeiten wurde ihre Krypta als laute Taverne genutzt, während die Kapelle im Bürgerkrieg als Gefängnis und Hospital diente. Nördlich der Kirche, wo sich früher ihr ausgedehnter Park erstreckt hatte, liegt heute die Straße *Hatton Garden*. Sie gilt als »Diamantenviertel«, wo sich Schmuckhändler konzentrieren.

## 55 WESTMINSTER ABBEY

**20 Dean's Yard**
**SW1P 3PA**
**Westminster ⑤**
**+44 (0)20 7222 5152**
***westminster-abbey.org***

Weltbekannt als Platz royaler Ereignisse wie der Hochzeit des Herzogs und der Herzogin von Cambridge, der Beerdigungsfeier von Prinzessin Diana oder der Hochzeit Queen Elizabeths II. (sowie aller ihr vorausgehenden Monarchen), ist die Westminster Abbey ein schicksalhafter Ort für Großbritannien. Hier wurde schon 960 ein Vorgänger gegründet, obgleich der heutige Bau von 1245 stammt und gleich beim Eintreten eine überwältigende Geschichte offenbart. Man wandert vorbei an den Grabstätten von Königin Elizabeth I., deren Halbschwester Mary I., Mary Stuart, Königin von Schottland, König Henry (Heinrich) V., aber auch Bürgerlichen wie Charles Dickens oder Laurence Olivier. Verpassen Sie nicht das Museum *Queen's Diamond Jubilee Galleries*, seit 2018 im Triforium, und den benachbarten *Kreuzgang*, ein Ort der Stille abseits der Massen, wo man ein echtes Gefühl für die sakrale und historische Bedeutung des Orts gewinnt.

55 WESTMINSTER ABBEY

56 **ST PAUL'S CATHEDRAL**

**St Paul's Churchyard**
**EC4M 8AD**
**City of London ②**
**+44 (0)20 7246 8357**
***stpauls.co.uk***

Seit 604 gibt es hier eine dem Apostel Paulus geweihte Kirche, doch das barocke Monstrum, das heute die Silhouette Londons dominiert, ist ein Meisterwerk Sir Christopher Wrens, nachdem der große Brand von London den Vorgängerbau vernichtet hatte. Das aufwendige Gebäude mit ikonischer Kuppel war nach 35 Jahren erst 1711 fertiggestellt. Kostenlos kann man den Gottesdienst besuchen oder mit Sightseeing-Ticket den prächtigen Innenraum besichtigen, die Kuppel erklimmen (prächtiger Ausblick!) oder in der *Whispering Gallery* (»Flüstergalerie«) ein akustisches Phänomen bestaunen: Selbst ein geflüstertes Wort ist über 30 Meter Entfernung hinweg im ganzen Umkreis der Galerie zu hören.

57 **ST GILES' WITHOUT CRIPPLEGATE**

**Fore St**
**EC2Y 8DA**
**City of London ②**
**+44 (0)20 7638 1997**
***stgilesnewsite.co.uk***

Gesäumt von modernen Bauten des Barbican Estate, ist dies eine der wenigen erhaltenen mittelalterlichen Kirchen Londons. Sie überlebte den Großen Brand 1666 und die Bombenangriffe, wurde jedoch schwer beschädigt. Das heutige Gebäude wurde 1394 am Ort einer älteren sächsischen Kirche errichtet und lag damals beim *Cripplegate*, einem der sieben Stadttore, außerhalb der Stadtmauern. Der Schriftsteller und Denker John Milton (*Das verlorene Paradies*) wurde 1674 dort bestattet, und 1620 heiratet hier der umstrittene Oliver Cromwell. Die helle Kirche ist meist an Wochentagen zugänglich.

58 **BRICK LANE MOSQUE**

**59 Brick Lane**
**E1 6QL**
**Spitalfields ⑨**
**+44 (0)20 7247 6052**
***bricklanejammemasjid.org.uk***

Bei der Kreuzung Fournier Street/Brick Lane steht ein georgianisches Gebäude mit wechselvoller Geschichte: die *Brick Lane Jamme Masjid*, heute spirituelles Zentrum örtlicher Muslime, keine Touristenattraktion. Sie bezeugt, wie stark sich der Charakter im Osten Londons im Laufe der Jahrhunderte verändert hat. 1743 erbaut, diente sie erst als protestantische Kirche für französische Hugenotten, die sich in Spitalfields niederließen. In den 1890er-Jahren wurde sie in eine Synagoge umgewandelt, als zahlreiche Juden in die Gegend kamen, bis sie 1976 zur Moschee wurde.

# *Relikte aus der* RÖMERZEIT

59 **LONDON WALL**
**Tower Hill**
**EC3N 4DJ**
**City of London ②**
***english-heritage.org.uk/visit/places/london-wall***

Um 200 n. Chr. wurde die damalige römische Stadt *Londinium* mit einer mächtigen, etwa 4 km langen Steinmauer gesichert. Allen baulichen Veränderungen in der Zwischenzeit zum Trotz haben sich Teile davon erhalten. Der beste Ort, ein solches Mauerstück zu sehen, ist gegenüber dem U-Bahnhof Tower Hill – ein großes Fragment der Römermauer, das durch mittelalterliches Ziegelwerk verstärkt wurde. Spazieren Sie anschließend entlang der alten Mauer durch die Stadt. Manche ihrer Teile sind verloren oder unter dem Erdreich verborgen, doch andere Abschnitte gut erhalten, etwa beim Museum of London oder in der Noble Street, wo man die faszinierenden Ruinen aus nächster Nähe sieht.

60 **LONDON MITHRAEUM**
**12 Walbrook**
**EC4N 8AA**
**City of London ②**
***londonmithraeum.com***

Die Überreste dieses Römertempels unter der City of London waren bis zum Bau eines Bürogebäudes in East London 1954 ganz vergessen. Bei der folgenden Grabung wurde ein Mysterienheiligtum *(Mithräum)* freigelegt, das Anhänger dem iranischen Gott Mithras errichtet hatten. Anschließend wurde es versetzt und nicht ganz akkurat in der Nähe auf einem Parkplatz wiederaufgebaut. Heute steht es, in mühevoller Kleinarbeit rekonstruiert, wieder an seinem ursprünglichen Ort. Besichtigen Sie in der kostenlosen Ausstellung einige der antiken Funde dieses ältesten Teils der Stadt, und erkunden Sie den stimmungsvollen Tempel, wobei eine Licht-und-Ton-Schau Sie in die Römerzeit zurückversetzt.

61 **LONDON'S ROMAN AMPHITHEATRE**
IN DER GUILDHALL ART GALLERY
**Guildhall Yard**
**EC2V 5AE**
**City of London ②**
**+44 (0)20 7332 3700**
***guildhall.cityoflondon.gov.uk***

Unter der historischen *Guildhall* in der City (heute Stadtverwaltung) verbirgt sich ein noch älteres Juwel: die Ruinen eines römischen Theaters. Ein Teil davon mit Steintunnel, Tor und Arena-Wänden wurde 1988 im Rahmen architektonischer Grabungen im Vorfeld der Errichtung der *Guildhall Art Gallery* entdeckt. In der Antike hatte dort das Publikum auf abgestuften Sitzreihen grausamen Gladiatorenkämpfen, Tierhetzen oder der Exekution Krimineller beigewohnt. Das Amphitheater unterhalb der Galerie ist täglich geöffnet und kostenlos zugänglich.

62 **BILLINGSGATE ROMAN HOUSE & BATHS**
**101 Lower Thames St**
**EC3R 6DL**
**City of London ②**
***cityoflondon.gov.uk***

Nur wohlhabende Bürger des antiken *Londinium* besaßen ein privates Bad. Ruinen einer solchen ausgedehnten Badeanlage (Thermen) fanden sich versteckt unter Bürogebäuden in der City. Man entdeckte sie 1848 beim Bau der Kohlebörse (*Coal Exchange*), in deren Keller sie heute präsentiert werden. Mehr über die faszinierenden Fundamente und die interessante Badekultur der Römer erfahren Sie, wenn Sie sich einer Führung anschließen.

63 **TOMB OF THE UNKNOWN LONDON GIRL**
BEI THE GHERKIN
**30 St Mary Axe**
**EC3A 8BF**
**City of London ②**

Ein ergreifendes Erinnerungsobjekt an die antike Vergangenheit der Stadt findet man am Fuß eines ihrer modernsten Gebäude. Bei der Errichtung von *The Gherkin* (eines riesigen Wolkenkratzers in Gurkenform, daher der Spitzname!) fand man das Skelett eines jungen Mädchens, das um 350/400 n. Chr. hier bestattet wurde. Nach Beendigung der Bauarbeiten wurde es in seine ursprüngliche Grabstätte zurückverlegt, heute markieren eine Marmorbank und eine mit Lorbeerkranz verzierte Bodenplatte das »Grab des Unbekannten Londoner Mädchens« (auf der Gebäude-Ostseite zur Bury Street).

# EVENTS

## *mit langer Tradition*

64 **NOTTING HILL CARNIVAL**
+44 (0)20 7221 9700
*nhcarnival.org*

Europas größtes Straßenfestival – der *Notting Hill Carnival*, der den vielfältigen und modernen Multikulturalismus Londons einmal jährlich zelebriert – ist alles andere als altmodisch, auch wenn die ausgelassene Feier der Caribbean Community, ihrer Kultur und Traditionen bereits seit 1966 im Freien auf den Straßen West Londons stattfindet. Ein farbenprächtiges, abwechslungsreiches, packendes und spannendes Spektakel, das jeweils zwei Tage im August stattfindet – mit einer großen Parade, Steelbands, mobilen Soundanlagen, Live Performances, jeder Menge kulinarischer Delikatessen und einem bestens gelaunten Party-Publikum.

65 **THE BOAT RACE**
*theboatrace.org*

Jeweils im Frühling begeben sich die Londoner an die Themse, um zuzuschauen wie die Ruderteams der beiden alteingesessenen Universitäten Oxford und Cambridge gegeneinander antreten. Erstmals hatten sich am 10. Juni 1829 in Henley-on-Thames (Oxfordshire) zwei Freunde der gegnerischen Universitäten zu einem solchen Wettbewerb verabredet. Oxford gewann das erste Rennen, das später nach London verlegt wurde und etwa 25 Jahre später regelmäßig einmal im Jahr stattfand. Inzwischen wird die Veranstaltung auch im Fernsehen übertragen, wenn man sie nicht lieber live am Flussufer verfolgen möchte, von Putney bis Mortlake, wo beste Partystimmung herrscht, egal wie das Ergebnis ausfällt.

## 66 LORD MAYOR'S SHOW

**City of London**
***lordmayorsshow.london***

Seit über 800 Jahren überzieht im Frühherbst mittelalterlicher Prunk die ganze City, wenn der neue *Lord Mayor* (Oberbürgermeister) von London sein Amt antritt. Am Tag nach der Vereidigung durchquert das neue Stadtoberhaupt in einer vergoldeten historischen Kutsche die Straßen der Innenstadt, von der Guildhall zu den *Royal Courts of Justice* (Justizpalast), um seinen Eid auf die Krone abzulegen, begleitet von Kutschen, Kostümgruppen, Bands und Straßenkünstlern. Ein einzigartiger Festtag mit einer tollen Mischung aus modernen und traditionellen Elementen.

## 67 THE PROMS

IN DER ROYAL ALBERT HALL

**Kensington Gore**
**SW7 2AP**
**Kensington ④**
**+44 (0)20 7589 8212**
***bbc.co.uk/proms***

Halten Sie den Union Jack bereit, er ist in der *Last Night of the Proms* mehr oder weniger obligatorisch! Als Höhepunkt in der *Royal Albert Hall* markiert sie den letzten Abend und mitreißenden, dramatischen Abschluss einer achtwöchigen Saison klassischer Konzerte. »The Proms« (*Promenade Series*) sind schon seit 1895 Teil des Londoner Kultursommers, wo man sie als günstige, informelle Veranstaltungsreihe klassischer Musik ins Leben rief. Dabei erhält man für die *Royal Albert Hall* und andere Konzertorte in der Stadt günstige oder freie Tickets (Klassik, populäre und Filmmusik).

## 68 WACHABLÖSUNG

AM BUCKINGHAM PALACE

**SW1A 1AA**
**St James's ⑤**
***householddivision.org.uk***

Die feierliche Wachablösung (*Changing the Guard*) vor dem Buckingham Palace ist eine der bekanntesten Touristenattraktionen Londons. Seit 1660 bewachen Soldaten den Monarchen und die königlichen Paläste, die etwa einstündige Zeremonie des Wechsels der diensthabenden Soldaten findet täglich um 10.30 Uhr (sonntags 11 Uhr) statt. Sie marschieren in ihrer ikonischen Paradeuniform aus roten Jacketts und Bärenfellmützen zwischen Buckingham Palace und Wellington Barracks auf, begleitet von einer Gardekapelle. Mit dem Schlüssel zum Palast wird buchstäblich die Verantwortung für den Schutz der Königin übergeben.

69 **LAMBETH COUNTRY SHOW**
AM BROCKWELL PARK
Dulwich Rd
SE24 0PA
South ⑫
+44 (0)20 7926 7085
*lambethcountryshow.co.uk*

Lust auf ganzheitliche, ganz altmodische Vibes? Die Messe *Lambeth Country Show* vermittelt schon seit über 45 Jahren Einblicke in die landwirtschaftlichen Traditionen Londons, anhand von Ausstellungen zu Gartenbau, Viehwirtschaft und Blumenzucht, neben skurrilen Vogelscheuchen- oder Gemüsewettbewerben. Besondere Attraktion ist jeweils der Konkurrenzkampf im Gemüseschnitzen, bei dem die Teilnehmer äußerst kreativ aktuelle oder satirische Skulpturen aus Obst und Gemüse zaubern.

70 **WIMBLEDON TENNIS CHAMPIONSHIPS**
IM ALL ENGLAND LAWN TENNIS CLUB
Church Rd
SW19 5AE
Wimbledon ⑬
+44 (0)20 8944 1066
*wimbledon.com*

Wimbledon, der wohl berühmteste Tenniswettbewerb der Welt, findet seit 1877 im äußersten Südwesten Londons auf den Rasenplätzen des *All England Club* statt. Damals noch vor wenigen Zuschauern mit nur 22 Teilnehmern ausgetragen, gewann das Turnier zunehmend an Popularität und ist heute das wohl prestigeträchtigste Weltklasse-Event, das jedoch weiterhin unter Beibehaltung traditioneller Regeln abläuft (vollständig weiße Spielkleidung, Erdbeeren mit Sahne für die Zuschauer).

64 **NOTTING HILL CARNIVAL**

78 ST DUNSTAN IN THE EAST

# ORTE & PLÄTZE


**GRÜNBEREICHE** *mit ungewöhnlicher Funktion* 72

*Romantische* **RUINEN** 76

*Verfallende* **FRIEDHÖFE** 81

*Geschichtsträchtige* **MÄRKTE** 85

*Stimmungsvolle* **GASSEN** *und* **PASSAGEN** 87

*Zauberhafte* **MEWS-QUARTIERE** 89

*Aus der Zeit gefallene* **STRASSEN** 91

# GRÜNBEREICHE

## *mit ungewöhnlicher Funktion*

71 **PARKLAND WALK**
**Florence Rd**
**N4 3EY**
**North ⑭**
**+44 (0)20 7527 4374**
***parkland-walk.org.uk***

Das längste Naturschutzgebiet der Stadt ist ein verträumter Ort der Ruhe und des Friedens im Norden Londons. Entlang einer aufgelassenen Eisenbahnstrecke, die einst zwischen Finsbury Park und dem Alexandra Palace verlief, erstreckt sich heute ein Wander- und Fahrradweg mit üppigem Grün und reichem Tierleben. Bei Crouch End kann man an den alten Bahnsteigen entlangspazieren, die inzwischen dicht mit Wildblumen bewachsen sind.

71 PARKLAND WALK

## 72 CHELSEA PHYSIC GARDEN

**66 Royal Hospital Rd**
**SW3 4HS**
**Chelsea ④**
**+44 (0)20 7352 5646**
***chelseaphysic garden.co.uk***

Der älteste botanische Garten Londons liegt bereits seit 1673 an dieser Stelle an der Themse. Die *Worshipful Society of Apothecaries* wählte ihren Standort in Chelsea wegen seiner nach Süden gerichteten Lage am Flussufer aus, welcher ihr gute Dienste leistete – denn der Garten beherbergt eine prächtig blühende Sammlung von etwa 5000 Küchen- und Medizinpflanzen. Besuchen Sie ihn zu Beginn des Jahres, wenn der Schneeglöckchenpfad den Frühling einläutet, oder nehmen Sie an Vorträgen und Workshops teil zu Themen wie Lebensmittelanbau oder Einschlafen mit Kräutern.

## 73 POSTMAN'S PARK

**King Edward St**
**EC1A 7BT**
**City of London ②**
**+44 (0)20 7374 4127**
***cityoflondon.gov.uk***

In diesem innerstädtischen kleinen Park verbringen Londoner gern ihre Mittagspause, doch er bietet nicht nur schattige Bänke. Man findet hier auch das *Watts Memorial to Heroic Self-Sacrifice*, errichtet 1900 von dem viktorianischen Maler George Frederick Watts. Es besteht aus 54 Keramiktafeln und erinnert an das »Heroische Selbstopfer« von 62 Londonern, die bei dem Versuch starben, anderen das Leben zu retten. Ihre ergreifenden Geschichten liest man auf den Tafeln.

## 74 HILL GARDEN AND PERGOLA

**North End Way**
**NW3 7EX**
**North ⑭**
**+44 (0)20 7332 3322**
***cityoflondon.gov.uk***

Hampstead Hill mit wilder, grün wuchernder Landschaft und natürlichen Aussichtspunkten ist ein Stück ländlicher Idylle mitten in der Stadt, doch man findet auch Schönes aus Menschenhand. Die *Pergola*, von Lord Leverhulme 1905 auf einem Hügel aus Erdreich erbaut, das bei Erweiterung eines U-Bahn-Tunnels anfiel, ist eine prächtige viktorianische Anlage, bestehend aus Gehwegen, Spalieren, Säulen und Torbögen. Als sie in den 1960er-Jahren von der Stadt übernommen und der Öffentlichkeit zugänglich gemacht wurde, war sie völlig heruntergekommen und von Schlingpflanzen überwuchert. Nach maßvoller Restaurierung wirkt sie heute romantisch dekadent. Beim Schlendern durch die verblichene Pracht stellt man sich unwillkürlich die Gartenpartys vor, die hier einst stattfanden.

75 **ST JAMES'S PARK**
**SW1A 2BJ**
**St James's ⑤**
**+44 (0)30 0061 2350**
***royalparks.org.uk***

Heute ein großartiger Ort zum Picknicken, war dies einst sumpfiges Gelände, das Elizabeth I. für extravagante Feste nutzte, bis es Charles (Karl) II. als öffentlichen Park ausgestalten ließ. Auf dem hübschen grünen Flecken östlich des Buckingham Palace leben noch Nachkommen der Pelikane, die 1664 als Geschenk des russischen Botschafters Einzug hielten. Sie können sich frei bewegen und mit Ihnen eine Parkbank teilen. Oder Sie begeben sich direkt zum *Duck Island Cottage* ganz im Osten, wo die Wasservögel nachmittags mit frischem Fisch gefüttert werden.

76 **KING HENRY'S MOUND**
IM RICHMOND PARK
**Queen's Rd**
**TW10 5HX**
**West ⑬**
**+44 (0)30 0061 2200**
***royalparks.org.uk***

Das elegante Richmond ist eng mit dem Königshaus verbunden. König Henry (Heinrich) VII. baute einen Palast (Torhausreste nahe Richmond Green), und Charles I. machte die wilde Landschaft zu einem ummauerten Hirschpark, heute *Richmond Park*. Am Aussichtspunkt *King Henry's Mound* wartete Henry (Heinrich) VIII. angeblich auf das Signal des Towers zur Hinrichtung seiner Gattin Anne Boleyn, um erneut zu heiraten. Wahrscheinlich eine Anekdote, doch wegen der tollen Aussicht einen Besuch wert! Der Blick auf die St Paul's Cathedral ist geschützt. Und wenn man hier, von Grün umgeben, auf die ferne Stadtsilhouette blickt, ist man froh darüber.

77 **GREENWICH PARK**
**SE10 8QY**
**South ⑫**
**+44 (0)30 0061 2381**
***royalparks.org.uk***

Dieser ungewöhnliche Stadtpark beherbergt den Nullmeridian (*Greenwich Prime Meridian*), eine imaginäre Linie, die vom Nord- zum Südpol verläuft. Seit 1884 wird jeder Ort der Erde von hier aus in seinem Gradwinkel nach Ost und West vermessen. Es ist zugleich das Zentrum der Weltzeit GMT (*Greenwich Mean Time*), vor deren Einführung es keine verbindlichen Regeln für die Messung von Tagen, Stunden und Minuten gab. Im *Royal Observatory* (*rmg.co.uk/royal-observatory*) kann man sich über die Linie im Hof stellen, die den Meridian markiert … Oder wandern Sie in den Park mit seiner schönen Mischung aus Garten- und Stadtlandschaft und schönen Ausblicken.

74 HILL GARDEN AND PERGOLA

# *Romantische* RUINEN

## 78 ST DUNSTAN IN THE EAST

**St Dunstan's Hill**
**EC3R 5DD**
**City of London ②**
**+44 (0)20 7374 4127**
***cityoflondon.gov.uk***

Wer zufällig auf den verwunschenen Ort nur wenige Minuten von City und Tower of London entfernt stößt, glaubt sich einem Geheimnis auf der Spur. Die denkmalgeschützte Kirchenruine St. Dunstan in the East wurde bereits um 1100 erbaut. Im großen Stadtbrand von London 1666 zerstört, wurde sie grob geflickt, und Stadtarchitekt Sir Christopher Wren fügte einen gotischen Turm an. Auch 1941 erlitt die Kirche durch deutsche Luftangriffe schwer Beschädigungen, doch man entschied sich, sie nicht zu restaurieren oder wiederaufzubauen. Stattdessen ist es heute ein denkmalgeschützter öffentlich zugänglicher wunderhübscher Ruinenpark, wo sich Pflanzen malerisch um die glaslosen Kirchenfenster ranken.

## 79 CRYSTAL PALACE PARK

**Thicket Rd**
**SE20 8DT**
**South ⑫**
***crystalpalace parktrust.org***

An der Stelle des heutigen *Crystal Palace Park* stand einst ein riesiger Kristallpalast. Ursprünglich im Hyde Park für die *Great Exhibition* 1851 errichtet, war er nach Beendigung der bedeutenden Londoner Industrieausstellung Glasscheibe für Glasscheibe an diesen Ort versetzt worden. Eine Zeit lang fanden dort Ausstellungen, Konzerte und Zirkusvorführungen statt, doch später verfiel das anspruchsvolle Glasgebäude und wurde 1936 bei einem Stadtbrand endgültig zerstört. Steinerne Fundamente, Terrassen, Treppen, Figuren ohne Köpfe und Sphingen findet man noch heute verstreut über das Parkgelände, daneben versteckt sich eine Reihe »lebensgroßer« (nach heutigen Erkenntnissen alles andere als anatomisch korrekter) viktorianischer Dinosaurier im grünen Dickicht.

## 80 CHRIST CHURCH GREYFRIARS

**King Edward St**
**EC1A 7BA**
**City of London ②**
**+44 (0)20 7374 4127**
***cityoflondon.gov.uk***

In den Ruinen dieser alten Kirche blühen malerisch Duftrosen und Kletterpflanzen an Hochspalieren. Ihr Gebäude, das auf dem Gelände der Franziskanerordenskirche der *Greyfriars* von 1225 errichtet worden war, wurde 1940 durch Brandbomben zerstört. Geblieben ist heute ein hübscher Kirchgarten im Schatten eines verbliebenen Turms, angelegt auf den Fundamenten der einstigen Kirche, mit Blumenbeeten am Ort der ehemaligen Kirchenbänke.

## 81 WINCHESTER PALACE

**Clink St**
**SE1 9DG**
**South Bank ③**
**+44 (0)37 0333 1181**
***english-heritage.org.uk/visit/places/winchester-palace***

An den Ruinen des Winchester Palace kann man leicht vorbeilaufen, und doch war er einst eines der bedeutendsten Gebäude im mittelalterlichen London. Der bereits im frühen 13. Jahrhundert errichtete Palastbau am Themseufer, der als Londoner Residenz der mächtigen Bischöfe von Winchester diente, wurde bei einem Stadtbrand 1814 schwer zerstört. Heute findet man nur noch einige Wandabschnitte, einer davon verziert mit prächtiger Rosette, der Teil der Großen Halle war.

## 82 ST GEORGE'S GARRISON CHURCH

**South Circular A205**
**SE18 6XJ**
**South ⑫**
***stgeorgeswoolwich.org***

In den 1860er-Jahren in Woolwich als Garnisonskirche für die Royal Artillery im Stil der italienischen Romanik errichtet, mit reich verziertem Innenraum, kühnen Mosaiken und Buntglasfenstern, war die St George's Garrison Church lange ein lokales Wahrzeichen. Im Zweiten Weltkrieg bombardiert und teilweise zerstört, wurde ihre Ruine zu einem Gedenkgarten mit modernem Dach zum Schutz der Überreste ihres beeindruckenden Innenraums. Er ist jeweils am Sonntag für die Öffentlichkeit zugänglich.

83 **ASYLUM CHAPEL**
BEI CAROLINE GARDENS
**Asylum Rd**
**SE15 2SQ**
**South** ⑫
**+44 (0)20 7635 8033**
***asylumchapel.co.uk***

Die Asylum Chapel entstand Anfang des 19. Jahrhunderts im Herzen eines Armenhauskomplexes, in dem ältere verarmte Wirte untergebracht waren, und bildete ursprünglich das Zentrum der örtlichen Gemeinschaft. Nach starker Beschädigung durch deutsche Luftangriffe im Zweiten Weltkrieg wurde die Kapelle samt ihren Buntglasfenstern, die auf wundersame Weise die Bombardierung überlebt hatten, stabilisiert und wasserdicht gemacht, doch das Gebäude selbst blieb baufällig. Heute dient es dank seines ungewöhnlichen, stimmungsvollen Innenraums als atmosphärischer Ort, der gerne für Hochzeiten und andere Veranstaltungen gebucht wird.

83 ASYLUM CHAPEL

# *Verfallende* FRIEDHÖFE

## 84 HIGHGATE CEMETERY

**Swain's Lane**
**N6 6PJ**
**North ⑭**
**+44 (0)20 8340 1834**
***highgatecemetery.org***

Nicht nur als Tagesausflug ist Highgate Cemetery ein Muss, 1839 als einer der *Magnificent Seven* eröffnet – architektonisch und landschaftlich aufwendig gestaltete viktorianische Privatfriedhöfe außerhalb des Zentrums, aus einer Zeit, als in London der Platz für Bestattungen knapp wurde und Diebstahl in den Kirchhöfen an der Tagesordnung war. Nach über 100 Jahren war er nicht mehr profitabel, Gräber verfielen, wurden von wucherndem Grün erstickt, kurz: der Waldfriedhof 1960 für bankrott erklärt. Heute kümmert sich der Förderverein Friends of Highgate Cemetery um die pittoreske Anlage – und versucht, den wuchernden Efeu einzudämmen. Gegen eine geringe Gebühr erhält man Zutritt zum großzügigeren Ostteil (*East Cemetery*), mit Grabstätten berühmter Londoner wie Karl Marx, der Dichterin Christina Rossetti oder der Autorin George Eliot. Der westliche Bereich (*West Cemetery*) mit steilen Wegen, prächtigen Mausoleen und großen Katakomben ist nur mit einer Führung zugänglich.

## 85 KENSAL GREEN CEMETERY

**Harrow Rd**
**W10 4RA**
**West ⑬**
**+44 (0)20 8969 0152**
***kensalgreen emetery.com***

Als erster der kommerziellen Friedhofsgruppe *Magnificent Seven* wurde Kensal Green 1833 eröffnet. Der 72 Hektar große Parkfriedhof nördlich des Grand Union Canal wird noch immer für Bestattungen von Angehörigen aller Glaubensrichtungen genutzt und ist öffentlich zugänglich. Beeindruckende Grabdenkmäler und eine artenreiche Tierwelt prägen den grünen Park. Sie können den Friedhof täglich selbst besuchen oder sich einer Führung des Fördervereins Friends of Kensal Green Cemetery anschließen.

## 86 BROMPTON CEMETERY

**Fulham Rd**
**SW10 9UG**
**Chelsea ④**
**+44 (0)20 7352 1201**
***royalparks.org.uk***

Auch der denkmalgeschützte Brompton Cemetery, ein weiterer Vertreter der Siebenergruppe prächtiger viktorianischer Friedhöfe, ist ein malerischer Ort mit imposanten Grabanlagen und breiten, baumgesäumten Wegen. Zugleich als öffentlicher Park und Begräbnisanlage konzipiert, ist er dies noch heute, mit einem lebhaften Café und zahlreichen Events – Filmvorführungen, Achtsamkeits-Workshops oder Performances –, die hier schon stattfanden. Frei und täglich geöffnet.

## 87 TOWER HAMLETS CEMETERY

**Southern Grove**
**E3 4PX**
**East ⑬**
**+44 (0)20 8983 1277**
***fothcp.org***

Der einst elegante Friedhof verfiel mit der Zeit und wurde zudem durch Bombenangriffe im Zweiten Weltkrieg schwer beschädigt. 1966 wurde er unter Schutz gestellt und zum Naturreservat erklärt. Man findet dort zwar noch viele Grabanlagen und -denkmäler – denn er ist letzte Ruhestätte von über 350 000 Menschen –, trotzdem wirkt er eher wie ein natürliches Waldgebiet. Der Förderverein Friends of Tower Hamlets Cemetery Park organisiert Freiwilligenveranstaltungen zu seinem Schutz, aber auch Festivals, Vorträge und Workshops.

## 88 WEST NORWOOD CEMETERY

**Norwood Rd**
**SE27 9JU**
**South ⑫**
**+44 (0)20 7926 7999**
***westnorwood cemetery.org***

Dieser malerische viktorianische Friedhof ist täglich geöffnet, der Verein Friends of West Norwood Cemetery bietet am 1. Sonntag des Monats Führungen hier an. Zudem werden Kurse für Slow-Flow-Yoga, Meditationen oder leicht gruselige »Fledermauswanderungen« in der Dämmerung angeboten. Das alles vor atemberaubender Kulisse. 65 der Begräbnisstätten stehen unter Denkmalschutz wie das prächtige Terrakotta-Monument für Sir Henry Dalton, Betreiber einer Töpfereifabrik, das Mausoleum für Sir Henry Tate, Begründer der gleichnamigen Galerie, oder der schlichte Grabstein für Isabella Beeton (»Mrs. Beeton«), bekannte Autorin eines viktorianischen Koch- und Haushaltsbuchs.

89 **COLUMBIA ROAD MARKET**

# *Geschichtsträchtige* MÄRKTE

89 **COLUMBIA ROAD MARKET**
**Columbia Rd**
**E2 7RG**
**East ⑬**
***columbiaroad.info***

Der Pflanzen- und Blumenrausch an der Columbia Road ist Traum jedes modernen Instagrammers, doch die Wurzeln dieses Marktes reichen ins 19. Jahrhundert. Die wohlhabende Mäzenin Angela Burdett-Coutts gründete ihn 1868 als großen, überdachten Lebensmittelmarkt und Einkaufsmöglichkeit für die Bevölkerung eines damals rückständigen Viertels im East End. Im Laufe der Jahre hat er sich stark verändert – heute ist es ein Sonntags-Blumenmarkt –, doch seine Stände verkaufen noch an derselben Stelle. Um sich mit Pflanzen der Saison einzudecken, sollten Sie früh kommen, bevor die Massen einfallen – oder Sie gedulden sich bis 15 Uhr, wenn sich alles entspannt und man einen Arm voll Blumen oft zum Schnäppchenpreis erhält.

90 **BOROUGH MARKET**
**8 Southwark St**
**SE1 1TL**
**South Bank ③**
**+44 (0)20 7407 1002**
***boroughmarket.org.uk***

Der beste und berühmteste Lebensmittelmarkt der Stadt ist zugleich einer ihrer ältesten. Der Borough Market mit seinem geschäftigen Treiben, heute im Schatten des ultramodernen, spitzen Wolkenkratzers *The Shard*, liegt seit über 1000 Jahren am Südufer der Themse. Wie ganz London hat sich auch er verändert, vom Chaos mittelalterlicher Buden hin zum Gourmetparadies modernen Zuschnitts. Sich unter seinem schmiedeeisernen viktorianischen Gewölbe an den Ständen durch alle Leckereien zu probieren, gehört zu den angenehmsten Formen eines entspannten Nachmittags. Einkaufstipps: Monmouth (Spitzenkaffee), Brindisia (spanische Spezialitäten) oder Kappacasein (traumhafte Käseauswahl).

91 **SMITHFIELD MARKET**
**Charterhouse St**
**EC1A 9PS**
**City of London ②**
**+44 (0)20 7248 3151**
***smithfieldmarket.com***

Der Smithfield Market ist der größte und älteste Fleisch- und Geflügelgroßmarkt des Landes, der seit dem späten Mittelalter dieses Areal einnimmt. Damals auf einer großen Freifläche außerhalb der Stadt, logiert er heute in einem denkmalgeschützten prächtigen Bau im Zentrum des Geschehens, umgeben von Hochhäusern und Bürogebäuden. Dies wird wohl nicht mehr lang der Fall sein, denn es gibt Pläne, ihn aus London zu verlegen. Solange es noch möglich ist, sollten Sie ihn also noch erkunden oder einen kleinen Rundgang unternehmen – am besten möglichst früh am Morgen. Der Markt ist montags bis freitags ab 2 Uhr morgens geöffnet.

92 **COVENT GARDEN MARKET**
THE MARKET BUILDING
**WC2E 8RF**
**Covent Garden ①**
**+44 (0)20 7420 5856**
***coventmarket.com***

Der Bezirk Covent Garden, geprägt durch Straßenkünstler und luxuriöse Läden, Cafés und Bars, die Touristenmassen anziehen, hat eine faszinierende Geschichte. *The Piazza* für Fußgänger entwarf der renommierte Architekt Inigo Jones im 17. Jahrhundert im italienischen Stil, die Markthalle mit klassizistischer Fassade 1828 Charles Fowler, zur Unterbringung des lebhaften Obst- und Gemüsemarkts, der sich hier angesiedelt hatte. Der später errichtete Blumenmarkt (*Flower Market*) dient heute als *London Transport Museum*, während Fowlers großzügiges Gebäude mit Kolonnaden als geschäftiger Markt mit festen Läden unter den Bögen genutzt wird.

93 **OLD SPITALFIELDS MARKET**
**16 Horner Square**
**E1 6EW**
**Spitalfields ⑨**
***oldspitalfields market.com***

An dieser Stelle in East London besteht schon seit Jahrhunderten ein Markt. Ab dem 17. Jahrhundert wurde er immer größer, mit höhlenartigen viktorianischen Eisenstrukturen und gepflegter gestufter Fassade (2. Hälfte 19. Jahrhundert). Das Warenangebot hat sich verändert – der Obst- und Gemüsemarkt zog in den 1990ern nach Leyton um, zugunsten von Geschäften für Kunst-, Antiquitäten-, Vinylplatten und Design –, doch erhalten blieb sein nostalgischer Charme, der kaum zu übertreffen ist.

## *Stimmungsvolle* GASSEN *und* PASSAGEN

94 **GOODWIN'S COURT**
**WC2N 4LL**
**Covent Garden** ⓘ

Schlendert man Goodwin's Court entlang, kann man sich kaum vorstellen, dass der Leicester Square mit seinen hellen Lichtern nur einen Katzensprung entfernt liegt. Beleuchtet wird der von gepflegten schwarz glänzenden Türen und geschwungenen Fenstern aus dem 17. Jahrhundert gesäumte schmale Hof von alten Gaslaternen. Die über die Jahrhunderte kaum veränderte Häuserzeile vermittelt das Gefühl, man sei in einem Dickens-Roman gelandet.

95 **BRYDGES PLACE**
**WC2N 4HP**
**Covent Garden** ⓘ

Vielleicht nicht die attraktivste Gasse Londons, ist dieser schmale Fußweg am Coliseum entlang zwischen St Martin's Lane und Bedfordbury eine seiner kleinsten, mit gut 85 Zentimetern an der engsten Stelle. Beim Durchschreiten des schmalen Gangs wird man in die Vergangenheit zurückversetzt, ganz anders als auf den überfüllten Bürgersteigen.

96 **NEAL'S YARD**
**WC2H 9DP**
**Covent Garden** ⓘ
***nealsyardlondon.co.uk***

Ein farbenfrohes, mit Grün bewachsenes Juwel, durchsetzt mit Therapiestudios, trendigen Cafés und hippen Bio-Restaurants, ist Neal's Yards in Seven Dials. Nicht immer war es hier so attraktiv. Die Gebäude stammen aus dem 17. Jahrhundert, doch der Hof und die ihn säumenden Gassen erschienen erst auf der Agenda, als in den 1970ern der Unternehmer Nicholas Saunders begann, das recht verfallene Gelände, das als Lagerfläche für den Obst- und Gemüsemarkt von Covent Garden diente, umzugestalten – zu jenem florierenden Zentrum, das heute zur Erkundung einlädt.

## 97 BLEEDING HEART YARD

**EC1N 8SJ**
**Holborn ①**

Der Name der kleinen Sackgasse erinnert an das grausige viktorianische London, eine Reihe passender Horrorgeschichten kursiert über den ruhigen Ort. Angeblich erhielt er den Namen »Blutendes Herz« nach Lady Elizabeth Hatton, die man hier ermordet auffand, während ihr Herz weiter Blut auf die Pflastersteine pumpte. Im Roman *Little Dorrit* erwähnt auch Charles Dickens die Legende einer jungen Dame aus früherer Zeit, die von ihrem grausamen Vater in ihr Gemach gesperrt wurde, weil sie ihrer wahren Liebe treu blieb und sich weigerte, den von ihm ausgewählten Verehrer zu heiraten. Bis zu ihrem Tod murmelte sie hinter einem Gitterfenster eine Art trauriges Liebeslied »Bleeding heart, bleeding heart, bleeding away«.

## 98 PICKERING PLACE

**SW1A 1EA**
**St James's ⑤**

Dieser winzige Hof in St James's gilt als kleinster öffentlicher Platz der Stadt. Der Zutritt zu dem abgelegenen Ort ist so stimmungsvoll wie Londoner Gassen sein können (viele sind es wirklich!) – mit einem einzigartigen holzgetäfelten Durchgang. Eine vergoldete Tafel erinnert an die kurze Zeitspanne 1942–1945, als hier die Botschaft der damaligen Republik Texas logierte.

98 PICKERING PLACE

## *Zauberhafte* MEWS-QUARTIERE

99 **BATHURST MEWS**
**W2 2SB**
**West ⑬**

Die Londoner *Mews*-Straßen (ehem. Stallungen und Dienstbotenquartiere städtischer Herrenhäuser) wirken wunderbar nostalgisch. Mit ihren gepflegten Häuserreihen und Innenhöfen sind sie heute höchst gesuchte Wohnviertel. Bathurst Mews mit Kopfsteinpflaster und akkuraten, hippen Puppenhäusern bildet keine Ausnahme. Besonders macht es die Tatsache, dass hier noch immer Pferde leben. Die *Hyde Park Stables* im Südwesten bieten Reitunterricht und Ausritte in den nahe gelegenen Hyde Park an, oft entlang der Rotten Row, seit dem 18. Jahrhundert beliebt zum Traben (*hydeparkstables.com*).

100 **HOLLAND PARK MEWS**
**W11 3SS**
**Kensington ④**

Sie könnte 1860 als Zubringerstraße geplant worden sein, doch dafür ist Holland Park Mews nach heutigem Maßstab fast zu prächtig. Die Häuser auf beiden Straßenseiten mit zierlichen Proportionen und passenden eisernen Balkongittern sind wegen ihres ungewöhnlich malerischen Designs heute denkmalgeschützt, den Eingang zu den einstigen Stallungen markiert noch ein großer steinerner Torbogen.

101 **ST LUKE'S MEWS**
**W11 1DF**
**West ⑬**

Die vielfarbige Häuserzeile zwischen All Saints und St Luke's Road ist ein charmantes Beispiel gut erhaltener ehemaliger Londoner Stallungen, nicht weit von der Portobello Road gelegen. Sie kommen Ihnen irgendwie bekannt vor? Tatsächlich wurden hier Szenen des Episodenfilms *Tatsächlich … Liebe* (2003; Regie: Richard Curtis) gedreht.

## 102 KYNANCE MEWS

**SW7 4QR**
**Kensington ④**

Die vielleicht hübscheste *Mews*-Straße entstand in den 1860er-Jahren. Ein beliebtes Motiv für Schnappschüsse, was man sofort versteht. Die Kopfsteinpflasterstraße erschließen drei denkmalgeschützte Stuckbögen, die sich wie die Gebäude selbst in opulentes Grün hüllen – kräftiges rotes Laub im Herbst und im Frühjahr üppig blühende Glyzinien.

102 KYNANCE MEWS

# *Aus der Zeit gefallene* STRASSEN

## 103 LITTLE GREEN STREET
**NW5 1BL**
**North ⑭**

Die Kinks nutzten diese kleine Straße als Background ihres Musikvideos *Dead End Street* (1966), nicht der einzige Grund, sie zu besuchen. Denn die gesamte Häuserzeile bildet eines der besterhaltenen georgianischen Straßenensembles dieser Stadt. Die Gebäude – acht urige Cottages – wirken seit dem 18. Jahrhundert kaum verändert. Die geschwungenen Fenster in den Erdgeschossen dienten früher als Ladenfronten.

## 104 SHAD THAMES
**SE1 2NJ**
**South Bank ③**

Bei einem Spaziergang entlang Shad Thames gewinnt man einen Eindruck von der nautischen Geschichte Londons. Die kopfsteingepflasterte Straße am Flussufer kreuzen Eisenstege in der Höhe, von denen die meisten *Butlers Wharf* auf der einen mit dem *Cardamom Building* auf der anderen Seite verbinden. Die heute zu Wohnzwecken genutzten ehemaligen Industriebauten gehörten zu einem florierenden Lagerhauskomplex, dem größten in viktorianischer Zeit, wo Importwaren wie Gewürze, Tee und Kaffee von den Schiffen entladen wurden, die an den nahen Docks anlegten.

## 105 ROUPELL STREET
**SE1 8TB**
**South Bank ③**

Wer in diese Straße biegt, fühlt sich wie auf einer Zeitreise. Die gepflegten niedrigen Reihenhäuser bilden ein intaktes Ensemble-Beispiel für typische Architektur im 19. Jahrhundert, das sich nicht weit von den gewaltigen modernen Gebäudevierteln, Waterloo Station und der geschäftigen South Bank erhalten konnte. Wandern Sie auch durch die nicht weniger schöne *Theed Street* nördlich davon.

## 106 FOURNIER STREET

**E1 6QE**
**Spitalfields ⑨**

Die Fournier Street in einem modernen Viertel ist ein perfekt erhaltener Straßenabschnitt aus Bürgerhäusern des 18. Jahrhunderts mit filigranen Fenster- und schön verzierten Türrahmen, erbaut im frühen 18. Jahrhundert für hugenottische Seidenweber aus Frankreich, die in die Gegend kamen, als Wohnhäuser und Werkstätten. In Nr. 14 wurde die Seide für das Krönungskleid Queen Victorias gewebt. Ohne die gelben Straßenmarkierungen und moderne Autos fühlte man sich ganz in eine andere Zeit versetzt.

## 107 LOMBARD STREET

**EC3V 9AA**
**City of London ②**

Einst Herz des Bankenviertels, hat sich diese Straße in der City im Laufe der Jahre kaum verändert. Manches ihrer Geschichte enthüllt ein Blick auf die markanten Schilder an den Gebäudefronten der Lombard Street. Aufgehängt anlässlich der Krönung Edwards II., 1902 erinnern sie an historische Geschäfte, die sich einst hier befanden.

## 108 CHEYNE WALK

**SW3 5LX**
**Chelsea ④**

Die charmante Straße am Flussufer wird gesäumt von historischen Wohngebäuden im Jacobean und Queen Anne Style. Direkt an der Themse mit weiten Blicken eine beneidenswerte Lage, die über die Jahre eine Reihe prominenter Bewohner anzog. Der Maler J. M. W. Turner verbrachte in Haus Nr. 119 seine letzten Lebensjahre, wo später auch der junge James-Bond-Erfinder Ian Fleming lebte. Die Schriftsteller Henry James, T. S. Eliot und George Eliot wohnten ebenfalls in dieser Straße, ebenso der präraffaelitische Maler Dante Gabriel Rossetti, der in Nr. 16 mit einer Reihe exotischer Tiere hauste, darunter ein Wombat und ein Gürteltier. 1968 wohnten Mick Jagger und Marianne Faithful in Nr. 48, sein Bandkollege Keith Richards zog ein Jahr später in Nr. 3 ein. Beide zogen die Aufmerksamkeit der Behörden auf sich, da ihre Häuser Ende der 1960er und Anfang der 1970er von der Drogenpolizei durchsucht wurden.

104 **SHAD THAMES**

105 **ROUPELL STREET**

# ARCHITEKTUR

*Prächtige* **GEWÄCHSHÄUSER** 98

*Historische* **SCHWIMMBÄDER** 100

*Großartige* **BIBLIOTHEKEN** 104

*Unglaubliche* **BAHNHÖFE** 106

*Ikonen des* **BRUTALISMUS** 108

*Wohngebäude des* **20. JAHRHUNDERTS** 111

*Perlen des* **ART DÉCO** 115

*Häuser wie in einer* **ZEITKAPSEL** 117

**PRACHTANWESEN**, *die man betreten kann* 120

**PALASTANLAGEN** *mit langer Tradition* 123

*Beeindruckende* **TUDOR-BAUTEN** 126

*Prächtige*

# GEWÄCHSHÄUSER

109 **TEMPERATE HOUSE & PALM HOUSE**
IN KEW ROYAL BOTANIC GARDENS
**TW9 3AE**
**West** ⑬
**+44 (0)20 8332 5655**
***kew.org***

Kew Gardens gehören zum UNESCO-Welterbe als prächtiges Gesamtensemble aus historischen Gebäuden und einer Parklandschaft, in der sich Gartenkunst und -moden aus verschiedenen Jahrhunderten zusammenfinden, darunter Werke berühmter Landschaftsarchitekten. Begründet von der königlichen Familie, wurde die Anlage 1840 der Öffentlichkeit zugänglich gemacht. Heute umfasst sie eine der weltweit größten und vielfältigsten Pflanzensammlungen neben ausgedehnten Grünanlagen zum Spazierengehen. Absolute Stars und »Hingucker« allerdings sind die perfekt erhaltenen viktorianischen Gewächshäuser in Glas-Eisen-Konstruktion. Im *Palm Hause* ist es feucht und tropisch, während das *Temperate House* als größtes viktorianisches Gewächshaus 1500 Pflanzenarten der gemäßigten Zonen aus aller Welt beherbergt.

110 **CHISWICK HOUSE CONSERVATORY**
IN CHISWICK HOUSE AND GARDENS
**Burlington Lane**
**W4 2RP**
**West** ⑬
**+44 (0)20 3141 3350**
***chiswickhouseandgardens.org.uk***

Das denkmalgeschützte 91,5 Meter hohe luftige Gewächshaus im Park von *Chiswick House*, einst eines der größten der Welt, lohnt noch immer einen Besuch. Es entstand im frühen 19. Jahrhundert zur Unterbringung der Kamelien-Sammlung der Herzöge von Devonshire und erfüllt auch 200 Jahre später noch diesen Zweck. Achten Sie auf die rote Kamelie »Middlemist's Red«, eine der rarsten Sorten dieser Gattung, wenn Sie durch den Park streifen. Man findet dort auch einen Küchengarten zur Versorgung des Cafés, einen symmetrisch angelegten Italienischen Garten sowie riesige Blaue Atlas-Zedern. Die Beatles veranstalteten dort ein Foto-Shooting für ihre Single *Paperback Writer/Rain* (1966).

## 111 **SYON PARK: GREAT CONSERVATORY**

BEI SYON HOUSE

**Syon Park**
**TW8 8JF**
**West** ⑬
**+44 (0)20 8560 0882**
***syonpark.co.uk***

Auch im Parkgelände des Anwesens *Syon House* aus dem 16. Jahrhundert am Themseufer findet sich ein gut erhaltenes Gewächshaus aus Glas und Stahl mit kühner Glaskuppel (frühes 19. Jahrhundert), das eine Auswahl exotischer Pflanzen birgt. Bei Besuchen in der Vorweihnachtszeit findet man nach Einbruch der Dämmerung Gewächshaus und Park stimmungsvoll bunt beleuchtet im Rahmen der Lichtaktion *Enchanted Woodland* (»Zauberhafte Wälder«).

111 SYON PARK: GREAT CONSERVATORY

# *Historische* SCHWIMMBÄDER

112 **BROCKWELL LIDO**
IM BROCKWELL PARK
**Dulwich Rd**
**SE24 0PA**
**South** ⑫
**+44 (0)20 7274 3088**
***fusion-lifestyle.com/centres/brockwell-lido***

Das 1937 entstandene beliebte Retro-Freibad im Brockwell Park ist ein schönes Beispiel für zurückhaltendes Art déco. Die denkmalgeschützte zwischendurch geschlossene Anlage ist seit Jahrzehnten Mittelpunkt und Wahrzeichen des ganzen Viertels. In ihrer Backsteinarchitektur blieb sie praktisch unverändert, doch wurde sie in den letzten Jahren aufgewertet durch ein Spa, Sporthalle und das ultimative *Lido Café*. Manche Aktivitäten erfordern keine Badekleidung wie Design-Schauen oder Blockbuster-Filmvorführungen.

113 **PORCHESTER SPA**
**Queensway**
**W2 5HS**
**West** ⑬
**+44 (0)20 7221 6118**
***everyoneactive.com/porchesterspa***

In dem denkmalgeschützten Art-déco-Schwimmbad und Spa aus den 1920ern kann man die Zeit vergessen. Trotz Modernisierung seiner Einrichtungen erhielt sich sein Retro-Flair nach Vorbild eines historischen türkischen Hamams, mit Dampfbad, Tauchbecken und Entspannungsräumen. Sehenswert: die originalen grün-weißen Fliesen von 1929 im Untergeschoss mit *Tepidarium*, *Caldarium* und *Laconium*.

114 **CAMBERWELL PUBLIC BATHS**
**Artichoke Place**
**SE5 8TS**
**South** ⑫
**+44 (0)20 7703 3024**
***everyoneactive.com/centre/camberwell-leisure-centre***

Als wahre Schönheit präsentiert sich diese Anlage mit markantem Staffelgiebel im Renaissancestil (19. Jahrhundert), die Oberlichter rahmender Gewölbedecke und originalen Schmiedearbeiten aus Eisen an der Aussichtsgalerie. Bei ihrer Eröffnung 1891 gab es dort Bäder erster und zweiter Klasse – von denen eines heute mit einem Boden überbaut als Sporthalle genutzt wird –, Badewannen und Einrichtungen zum Wäschewaschen. Heute dient sie als modernes Freizeitzentrum im gepflegten viktorianischen Ambiente.

## 115 WILLES POOL
IM KENTISH TOWN SPORTS CENTRE

**Grafton Rd**
**NW5 3DU**
**North** ⑭
**+44 (0)20 7974 7000**
***better.org.uk/leisure-centre/london/camden***

Eine recht brutale Renovierung in den 1960er-Jahren hatte das atemberaubende viktorianische Schwimmbad im Norden Londons, das 1903 als *St Pancras Baths* eröffnet worden war, lange stark verfälscht. Doch nach sensibleren Umbaumaßnahmen in jüngster Zeit sind die ursprünglichen Merkmale des Gebäudes wieder klar erkennbar. Attraktion ist der *Willes Pool* mit eleganter Gewölbedecke und Oberlichtern, durch die Tageslicht auf die Wasserfläche fällt, und originaler Balkenkonstruktion, die eine abgehängte Decke zuvor verdeckt hatte. Einen tollen Blick darauf ermöglicht die hölzerne Aussichtsgalerie (oder das Schwimmbecken darunter).

## 116 MARSHALL STREET BATHS

**15 Marshall St**
**W1F 7EL**
**Soho** ①
**+44 (0)20 7734 4325**
***everyoneactive.com/centre/marshall-street-leisure-centre***

In diesem historischen Bad in Soho herumzuplanschen, wirkt wie eine Zeitreise in die Vergangenheit. Zwar bietet es zeitgemäße Wellness-Einrichtungen wie man sie heute wünscht, darunter ein Studio für Bikram Yoga (*Hot Yoga*) oder ein schickes *Gym* mit hochmoderner Ausstattung. Doch seine wahre Attraktion bildet die wunderschöne viktorianische Schwimmhalle mit originalem Marmorboden aus den 1930er-Jahren und einer traumhaften Tonnengewölbedecke. Zu ihren charmantesten Details zählt auch der original erhaltene hölzerne Ticketschalter.

## 117 IRONMONGER ROW BATHS

**1 Norman St**
**EC1V 3AA**
**Islington** ⑧
**+44 (0)20 3642 5520**
***better.org.uk/ironmonger-row-baths***

Im Laufe ihrer Metamorphose von einem öffentlichen Waschhaus zum modernen Sport- und Wellness-Zentrum mit Spa hat sich die Anlage der heute unter Denkmalschutz stehenden Ironmonger Row Baths aus den 1930er-Jahren stark verändert. Doch manches findet man noch in schönen Ursprungsformen: Achten Sie etwa beim Rückenschwimmen besonders auf die lichtdurchlässige Decke, oder richten Sie Ihr Augenmerk auf die original erhaltenen Holzkabinen im Türkischen Bad.

Deep end
2.0m

# *Großartige*
# BIBLIOTHEKEN

118 **THE LONDON LIBRARY**
14 St James's Square
SW1Y 4LG
St James's ⑤
+44 (0)20 7766 4700
*londonlibrary.co.uk*

Die 1841 gegründete London Library ist mit über 1 Millionen Bänden die größte private Leihbibliothek der Welt. Der Gebäudekomplex, in dem sie logiert, präsentiert sich als faszinierende Symbiose aus historischer (19. Jahrhundert) und moderner Architektur. Der feudale Lesesaal, eröffnet 1896, ist geprägt durch elegante Säulen unter weit vorkragenden eleganten Gesimsen. Viele der Bände stehen in denkmalgeschützten viktorianischen Buchschränken mit Eisengitterböden, während die moderneren Ergänzungen seit den 1930er-Jahren schlicht und elegant gehalten sind. Bereits Schriftsteller wie Charles Dickens, Virginia Woolf oder Agatha Christie nutzten diese historische Institution. Die Mitgliedschaft ist nicht gerade billig – der Standardtarif beträgt 510 Pfund (über 600 Euro) im Jahr –, doch man kann den schönen Raum auch bei einer der regelmäßigen Abendführungen kostenlos besichtigen.

119 **KENSINGTON CENTRAL LIBRARY**
12 Phillimore Walk
W8 7RX
Kensington ④
+44 (0)20 7361 3010
*rbkc.gov.uk/libraries-0*

Die Eröffnung dieser großartigen Stadtteilbibliothek im Jahr 1960 war begleitet von starken Anfeindungen bestimmter Kreise, die gegenüber einem historisierenden Gebäude im Stil englischer Neorenaissance modernere Architekturformen bevorzugt hätten. Dennoch kann man nicht umhin, sich für ihr elegantes Interieur zu begeistern, mit gepflegten Terrazzoböden, gestreiften quadratischen Pfeilern, Regalen aus Messing und Mahagoni sowie einer auffälligen achteckigen Hängeuhr.

## 120 SWISS COTTAGE CENTRAL LIBRARY

**88 Avenue Rd**
**NW3 3HA**
**North ⑭**
**+44 (0)20 7974 4444**
***camden.gov.uk/swiss-cottage-library***

Anfang der 1960er entwarf Sir Basil Spence das markante, ehrgeizige Gebäude im modernen Stil als öffentliche Bibliothek des Borough of Camden – das zu einem architektonischen Wahrzeichen wurde: Kurven und schlanke, gerade Linien verbinden seine gerundeten Außenwände mit dem Innern, wo symmetrische Wendeltreppen und schmale Balustraden die Blicke auf sich ziehen. Für Freunde der Moderne: das *Alexandra & Ainsworth Estate* westlich davon.

## 121 BETHNAL GREEN LIBRARY

**Cambridge Heath Rd**
**E2 0HL**
**East ⑪**
**+44 (0)20 7364 3493**
***ideastore.co.uk/bethnal-green-library***

Die Bethnal Green Public Library wurde 1922 in einem spätviktorianischen Gebäude als öffentliche Bibliothek eröffnet, das damals zum *Bethnal House Asylum* gehörte. Der unter Denkmalschutz stehende Bau wurde vor Kurzem renoviert unter Wahrung seiner zeittypischen Merkmale. Werfen Sie einen Blick hinein (um sich vielleicht einen Bestseller auszuleihen) und achten Sie dabei auf die klassischen Wandverkleidungen, den Boden im Schachbrettmuster, die geschwungene prächtig gestaltete Decke und den ornamentalen Zierstuck.

119 KENSINGTON CENTRAL LIBRARY

# *Unglaubliche* BAHNHÖFE

122 **ST PANCRAS INTERNATIONAL STATION**
Euston Rd
N1C 4QP
King's Cross ⑦
+44 (0)20 7843 7688
*stpancras.com*

Das prächtige Bahnhofsgebäude im Stil der Neogotik mit geschwungenem schmiedeeisernem Dach ist ein brillantes Beispiel viktorianischer Ingenieurskunst. Bei seiner Entstehung im 19. Jahrhundert erhielt es das größte Einfelddach der Welt. Inzwischen hat sich der internationale Bahnhof stark verändert – von hier verkehren Eurostar-Züge auf den Kontinent –, doch die moderne Umgestaltung lässt die Merkmale der Entstehungszeit um 1868 gut zur Geltung kommen wie die gepflegten roten Backsteinbögen unter der Glas-Eisen-Konstruktion.

122 ST PANCRAS INTERNATIONAL STATION

## 123 GANTS HILL UNDERGROUND STATION

**Cranbrook Rd**
**IG2 6UD**
**Ilford**

Hunderte Londoner nutzen den U-Bahnhof als Tor zur Central Line, ohne einen Blick auf seine einzigartige Gestaltung zu verschwenden. Der von Charles Holden im schlichten Art-déco-Stil entworfene Bahnhof aus den 1930ern besitzt eine elegante Tonnengewölbedecke, angeblich von der Moskauer U-Bahn inspiriert. Holden entwarf auch das herrschaftliche *Senate House* für die Bibliothek der University of London und einen frühen Wolkenkratzer als Stahlskelettbau in Art-déco-Formen (55 Broadway).

## 124 CLAPHAM SOUTH STATION

**Balham Hill**
**SW12 9DU**
**South ⑫**
**+44 (0)343 222 5000**
***ltmuseum.co.uk/clapham-south***

Machen Sie von der eigentlichen U-Bahn-Station einen Schlenker elf Stockwerke tief unter die Erde. Die Führungen des *London Transport Museum* finden regelmäßig statt, sind aber häufig ausgebucht. Die Tour führt zu einem etwa 1,5 km langen Tunnelsystem, das Tausenden von Londonern im Zweiten Weltkrieg als Luftschutzbunker diente und in den späten 1940ern als vorübergehende Unterkunft für Einwanderer aus dem Commonwealth (sog. *Windrush*Migranten). Ein beengter Raum mit Etagenbetten und Originalbeschilderung, in dem die Zeit eingefroren scheint.

## 125 DOWN STREET STATION

**Down St**
**W1J 7JU**
**Mayfair ⑥**
**+44 (0)343 222 5000**
***ltmuseum.co.uk/hidden-london***

In London finden sich zahlreiche, verlassene U-Bahnhöfe wie die *Aldwych Station* am Strand. Besonders interessant ist die ehemalig *Down Street Station*, 1907 bis 1932 Teil der Piccadilly Line. Nach ihrer Schließung wurde sie im Krieg für verborgene, vom Railway Executive Committee genutzte Büros verwendet. Diese besuchte auch Winston Churchill, der dort übernachtete und den Raum als geheimen Luftschutzbunker nutzte. Tunnel, Treppenhäuser und Bahnsteige wurden zu Büroräumen für Mitarbeiter umgebaut, die in Schichten unter der Erde wohnten und schliefen. Auf einer Tour durch »Hidden London« folgt man ihren Spuren – Beschilderungen aus der Zeit, eine Telefonzelle und tapezierte Räume für Führungskräfte –, während die Züge der Piccadilly Line vorbeirauschen.

# *Ikonen des* BRUTALISMUS

## 126 BARBICAN

Silk St
EC2Y 8DS
City of London ②
+44 (0)20 7638 4141
*barbican.org.uk*

Eine klobige Sichtbeton-Ikone – von Londonern geliebt oder gehasst, je nach Vorliebe für den strikten Stil des Brutalismus –, ist das »Barbican« einerseits eine hochmoderne Wohnsiedlung, andererseits Synonym für ein Kunst- und Kulturzentrum von Weltruf. In den 1960er-Jahren wurde der Block samt seinen drei markanten Turmbauten hochgezogen, mit Wasser- und Grünflächen, auf einem Areal, das durch das Bombardement des Zweiten Weltkriegs schwerste Zerstörungen erlitten hatte. Das renommierte *Barbican Centre* folgte in den 1980ern. Heute kann man in dem inzwischen denkmalgeschützten Eyecatcher Konzerte des London Symphony Orchestra oder Theateraufführungen der Royal Shakespeare Company besuchen, Filme sehen oder sich von Kunstausstellungen inspirieren lassen. Das *Barbican Conservatory*, ein fast surrealer grüner Dschungel, beherbergt unter seinem Glasdach auf mehreren Ebenen über 2000 Pflanzenarten.

## 127 NATIONAL THEATRE

Upper Ground
SE1 9PX
South Bank ③
+44 (0)20 3989 5455
*nationaltheatre.org.uk*

Brutalismus in ausgeprägter Form dominiert das südliche Themseufer, dank des Southbank Centre und seines südwestlichen Nachbarn, des National Theatre. Das kühne Gebäude aus Sichtbeton in Terrassenbauweise spaltet seit seiner Eröffnung 1976 (zumindest optisch) die öffentliche Meinung, ist jedoch außer Frage eines der weltbesten Theater. Achten Sie beim Besuch eines der brillanten Konzerte im *Oliver Auditorium* insbesondere auf die markante Waffelbeton-Deckenkonstruktion.

## 128 SOUTHBANK CENTRE

**Belvedere Rd**
**SE1 8XX**
**South Bank ②**
**+44 (0)20 3879 9555**
***southbankcentre.co.uk***

Sie sind sich nicht sicher, worauf Sie Lust haben? Dann steuern Sie am besten gleich das Southbank Center an. Zu dem aus mehreren voneinander unabhängigen Gebäuden bestehenden Betonkomplex, dem größten Vielzweck-Kulturzentrum Großbritanniens, gehören die ikonische Konzerthalle *Royal Festival Hall* in Sichtbeton, die avantgardistische *Hayward Gallery* für zeitgenössische Kunst oder die *Queen Elizabeth Hall* als etwas kleinerer Veranstaltungsraum. Errichtet 1951 anlässlich des »Festival of Britain«, ist das Zentrum bis heute ein beliebter kultureller Hotspot. Hinter seinen Betonmauern findet man ein breites Angebot aus teils kostenlosen Konzerten, Performances und Spoken Word, Diskussionen, Ausstellungen und großen Festivals wie »Meltdown«, »Women of the World« (WOW) oder »London Literature Festival«. Wegen seines lebhaften Ambientes an der Themse mit breitem Einkaufs- (Märkte) und Gastro-Angebot (*Queen Elizabeth Hall Roof Gardens*) ist es aber auch ein schöner Ort, um einfach zu flanieren.

# *Wohngebäude des* 20. JAHRHUNDERTS

129 **TRELLICK TOWER**
5 Golborne Rd
W10 5PA
West ⑬

Die Silhouette des Trellick Tower – eines Wohnhochhauses mit frei stehendem Turm für Serviceeinrichtungen – ist von fast überall in der Skyline West Londons sichtbar. Mit seinen 31 Stockwerken, auf denen sich 317 Wohneinheiten verteilen, wurde er zwischen 1968 und 1975 als Projekt des sozialen Wohnungsbaus errichtet, als Ersatz für Hunderte von Unterkünften des Viertels, die als nicht mehr nutzbar galten. Mit seiner Säule aus Beton und Glas damals als Nonplusultra modernen Wohnens gepriesen, beherbergt er bis heute meist Sozialwohnungen, neben einigen teureren Eigentumswohnungen. Eine Möglichkeit, sich im Innern bei einer Führung umzuschauen, bietet das jährliche Architekturfestival Open House London.

130 **2 WILLOW ROAD**
NW3 1TH
North ⑭
+44 (0)20 7435 6166
*nationaltrust.org.uk/2willowroad*

Der Ungar Ernö Goldfinger, später Architekt des brutalistischen Trellick Tower, hatte bereits 1939 im Norden Londons dieses dreiteilige Reihenhaus für Familien als Musterbeispiel moderner Architektur errichtet. Sein Entwurf mit Fensterbändern, Wendeltreppe und großzügigem Innenraum galt damals als wegweisend bis umstritten. Auch für Teile des Mobiliars seines eigenen (mittleren) Hauses zeichnete der Architekt verantwortlich sowie für die beeindruckende Auswahl moderner Kunst als Wandschmuck. Inzwischen in die Denkmalliste des National Trust aufgenommen, ist das Gebäude den größten Teil des Jahres mittwochs bis sonntags geöffnet (nach Vorausbuchung).

## 131 ISOKON BUILDING

**Lawn Rd**
**NW3 2XD**
**North ⑭**
**+44 (0)77 1350 7018**
***isokongallery.co.uk***

Elegant und futuristisch wirkend, entstand das Isokon Building Anfang der 1930er-Jahre als experimentelles Projekt minimalistischen Wohnens in der Stadt. Diese Art von Stahlbeton hatte man zuvor nicht für Wohnzwecke verwendet, und auch die kommunalen Konsequenzen der neuen Wohnform erschienen radikal. Die zweckmäßigen Wohneinheiten waren klein, ein Reinigungsservice stand zur Verfügung sowie eine Isobar im Erdgeschoss, um dort zu essen – kurz: Man wollte den Bewohnern den Alltag so angenehm wie möglich machen. Zu den prominenten Mietern zählten die Krimiautorin Agatha Christie und der Bauhausgründer Walter Gropius. Die *Isokon Gallery* im Erdgeschoss (geöffnet am Wochenende) informiert über die Geschichte des Gebäudes.

## 132 ALEXANDRA & AINSWORTH ESTATE

**Rowley Way**
**NW8 0SN**
**North ⑭**
***alexandraand ainsworth.org***

Die ikonische moderne Wohnanlage aus den 1970er-Jahren ist ein Entwurf des Architekten Neave Brown, der damals für öffentliche Wohnprojekte des Bezirks Camden verantwortlich war. Ein markanter Terrassenbau mit angegliedertem öffentlichem Park, Schule und Gemeindezentrum. Die Wohnungen in Flachbauweise staffeln sich so übereinander, dass sie jeweils über einen privaten Außenbereich verfügen. Dass der Sozialbau heute auch häufig als Drehort für Filme dient, kann man also gut verstehen.

# *Perlen des*
# ART DÉCO

## 133 HORNSEY TOWN HALL

**The Broadway**
**N8 9JJ**
**North ⑭**
***hthartscentre.com***

Manch einer hat die Hornsey Town Hall mit ihrem dominanten Turm und hohen, schmalen Fenstern sicher schon gesehen, ohne sie allerdings zu registrieren. Dank ihres eleganten Interieurs aus den 1930er-Jahren trat diese Ikone des Art déco bereits in zahlreichen Filmen und Fernsehsendungen in Erscheinung wie den Serien *Killing Eve* oder *The Crown*. Entstanden als Bürogebäude für den Stadtrat, wurde sie nach Umzug der Verwaltung in den 1960ern neu genutzt als Café, Kunstzentrum und Veranstaltungsraum des Viertels. Ein aktuelles Sanierungsprojekt zielt darauf ab, bei der Umgestaltung eines Gebäudeteils zu luxuriösen Wohnungen die gestalterische Essenz des Gebäudes zu erhalten und seine historischen Merkmale zu bewahren (*hornsey-townhall.co.uk*).

## 134 BROADCASTING HOUSE

**Portland Place**
**W1A 1AA**
**Marylebone ⑥**
**+44 (0)20 8743 8000**
***bbc.co.uk***

Der geschwungene, leicht asymmetrische Bau nördlich der Oxford Street wurde 1932 als Hauptsitz und Stammhaus des damaligen Radiosenders *British Broadcasting Company* (BBC) eröffnet. Gekennzeichnet ist er durch eine elegante Fenstergliederung und den markanten Uhrenturm im Art-déco-Stil. Nach verschiedenen Umgestaltungen besteht die Anlage heute aus zwei durch eine gläserne Erweiterung verbundenen Gebäuden, wo noch immer verschiedene Radio- und Fernsehprogramme des Senders aufgezeichnet werden. Man kann sie nicht betreten, doch im Innenhof finden manchmal Veranstaltungen oder Kunstinstallationen statt.

## 135 ELTHAM PALACE

**Court Yard**
**SE9 5QE**
**South** ⑫
**+44 (0)370 333 1181**
***english-heritage.org.uk/visit/places/eltham-palace-and-gardens***

Halb Herrenhaus im Art-déco-Stil, halb mittelalterlicher Palast, ist dies ein zauberhafter Ort, den zu entdecken sich lohnt. Gesäumt von einem Wassergraben, diente er einer Reihe von Monarchen als Lieblingsresidenz. 1305 erhielt ihn Edward II. als Geschenk, die heute bestehende *Great Hall* wurde in den 1470ern für Edward IV. errichtet, und Henry (Heinrich) VIII. verbrachte dort bekanntlich einen Großteil seiner Kindheit. Nach Jahrhunderten des Niedergangs pachteten Stephen and Virginia Courtauld das Anwesen und gestalteten unter Einbeziehung der alten Halle 1933 den Komplex in seiner heutigen Form insbesondere im Inneren im Art-déco-Stil um. Highlights sind die Eingangshalle mit Lichtkuppel, der elegante Speisesaal, das Bad mit Mosaiken und goldenen Armaturen oder das beheizbare Außengehege, das ihr Schoßtier, der Lemur Mah-Jongg, bewohnte.

137 DENNIS SEVERS' HOUSE

# *Häuser wie in einer* ZEITKAPSEL

## 136 SAMBOURNE HOUSE

**18 Stafford Terrace**
**W8 7BH**
**Kensington** ④
**+44 (0)20 7471 9158**
***rbkc.gov.uk/museums***

Die einstige Residenz des *Punch*-Zeichners Edward Linley Sambourne (1844–1910) wirkt wie die Momentaufnahme eines spätviktorianischen Mittelklassehauses, ausgestattet nach den ästhetischen Idealen der Zeit um 1870, als es die Sambournes einrichteten. Später weitervererbt in der Familie, blieb es weitgehend wie zu ihren Lebzeiten, samt Originaltapeten von William Morris, japanischer Kunst, Buntglasfenstern und damals modernem Mobiliar. Heute ist es als Museum für die Öffentlichkeit zugänglich.

## 137 DENNIS SEVERS' HOUSE

**18 Folgate St**
**E1 6BX**
**Spitalfields** ⑨
**+44 (0)20 7247 4013**
***dennissevers house.co.uk***

In diesem alten Reihenhaus aus dem 17. Jahrhundert, das der amerikanische Künstler Dennis Severs ab den 1970er-Jahren in einer Art Zeitreise zurück in seinen ursprünglichen Zustand versetzte, herrscht jede Menge Leben. Tritt man (jeweils zur gebuchten Zeit) durch die Haustüre ins Innere, begegnet man einer längst vergangenen Welt. Jeder der opulent dekorierten Räume in dem vierstöckigen Gebäude hält einen Zeitpunkt im Leben einer hugenottischen Seidenweberfamilie über mehrere Generationen zwischen 1724 und 1914 fest. Schweigend bewegt man sich durch die Szenerie, während Klänge und Gerüche auf die Sinne einwirken: Draußen ertönen alte Kirchenglocken, eine Männerstimme aus weiter Ferne, eine halb ausgetrunkene Tasse Tee steht plötzlich da. In einem der vielen Spiegel begegnet man dem eigenen Konterfei, mit dem greifbaren Gefühl, in ein Gemälde geraten zu sein. »You are here – ish«, steht auf einem Zettel in einem der Räume, es könnte sich nicht wahrer anfühlen.

Mr RAE
REMORSE

## 138 EMERY WALKER'S HOUSE

**7 Hammersmith Terrace**
**W6 9TS**
**West ⑬**
**+44 (0)20 8741 4104**
***emerywalker.org.uk***

Das mehrstöckige Haus mit zur Themse hin abfallendem Garten war bis 1933 Wohnsitz des Druckers und Typografen Emery Walker (1851–1933), eines engen Freunds von William Morris. Im Originalzustand wie zu seinen Lebzeiten erhalten, gilt es heute als das vollständigste, authentischste in Großbritannien erhaltene Interieur und Gesamtkunstwerk im *Arts and Crafts Style*. In den meisten Räumen findet man originale von Hand gedruckte Tapeten der Firma Morris & Co., neben Mobiliar des Architekten Philip Webb, erlesenen Teppichen und Keramik. Selbst davon überzeugen kann man sich auf einer geführten Tour.

## 139 CARLYLE'S HOUSE

**24 Cheyne Row**
**SW3 5HL**
**Chelsea ④**
**+44 (0)20 7352 7087**
***nationaltrust.org.uk/carlyles-house***

Das einflussreiche viktorianische Literaten-Ehepaar Thomas (1795–1881) und Jane Carlyle (1801–1866) bewohnte von 1834 bis zu beider Tod dieses Reihenhaus in Chelsea. Carlyle war Initiator der London Library, und das Paar hieß bedeutende Persönlichkeiten der Literatur wie Charles Dickens, George Eliot oder William Thackeray in seinem Haus willkommen. Das Gebäude, das voll ist mit persönlichen Besitztümern, wurde kurz nach dem Tod des Hausherrn 1881 für die Öffentlichkeit zugänglich. Heute schlendert man darin herum wie in einer Zeitkapsel.

# PRACHTANWESEN,
## *die man betreten kann*

140 **STRAWBERRY HILL HOUSE**
268 Waldegrave Rd
TW1 4ST
West ⑬
+44 (0)20 8744 1241
*strawberryhill house.org.uk*

Das strahlend weiße Meisterwerk, bekrönt von dekorativen Schornsteinen, Türmchen und Zinnen, ist eines der besten Architekturbeispiele eines gotisierenden Neo-Georgianischen Stils (*Georgian Gothic Revival*) in Großbritannien. Das faszinierende Gebäude entstand, nachdem der Schriftsteller und Politiker Horace Walpole 1747 mehrere Cottages an der Themse erworben hatte, um eine Vision zum Leben zu erwecken. Das kleine »gotische« Schlösschen galt bereits zu seinen Lebzeiten als Attraktion und ist es noch heute. Im Innern im zeittypischen Stil der 1790er-Jahre restauriert, ist es mit dem gesamten Anwesen für die Öffentlichkeit zugänglich.

141 **HAM HOUSE**
Ham St
TW10 7RS
West ⑬
+44 (0)20 8940 1950
*nationaltrust.org.uk/ hamhouse*

Südlich der Themse liegt Ham House aus der Zeit der Stuart-Restauration, ein seltenes Beispiel für gehobene Wohnkultur des 17. Jahrhunderts. Errichtet 1610, wurde es vom königlichen Höfling William Murray und seiner Tochter Elizabeth, Herzogin von Lauderdale, zu einem repräsentativen Wohnsitz umgestaltet. Wenig scheint sich in den Jahrhunderten seit ihrem Tod verändert zu haben, es sieht heute fast so aus, als hätte sie es eben erst entworfen. Besichtigen kann man die reich dekorierten Wohnräume der Familie, voll mit 400 Jahre alten Gemälden und edlen Möbeln, herumstöbern unter Treppen in der Küche oder durch die prächtig angelegten historischen formalen und Küchengärten schlendern.

## 142 KENWOOD HOUSE

**Hampstead Lane**
**NW3 7JR**
**North ⑭**
**+44 (0)37 0333 1181**
***english-heritage.org.uk/visit/places/kenwood***

Auf einem Grashügel im Park *Hampstead Heath* liegt Kenwood House (frühes 17. Jahrhundert). Man schlendert durch die Prunkräume des weißen Herrenhauses, mit glitzernden Kronleuchtern und Gemälden, entdeckt dabei einen Rembrandt. Ein Highlight ist die Große Bibliothek im prächtigen *Adam Style*, angefügt in den 1760er-Jahren, mit Spiegeln, alten Büchern und einer imposanten Gewölbedecke in Blau- und Rosétönen. Hier lebte während der Sklavenzeit auch die farbige Dido Belle als Teil der Aristokratenfamilie. Ihr Großonkel, der britische Jurist William Murray, 1. Earl of Mansfield, setzte sich vehement für die Abschaffung der Sklaverei ein. Ihr Schicksal behandelt der Spielfilm *Belle* (2013; Regie: Amma Asante).

## 143 APSLEY HOUSE

**149 Piccadilly**
**W1J 7NT**
**Mayfair ⑥**
**+44 (0)20 7499 5676**
***wellington collection.co.uk***

Das großartige Stadthaus (heute banal: 149 Piccadilly) war einst »London Nr. 1«. Errichtet in den 1770er-Jahren, war es Wohnsitz von Arthur Wellesley, 1. Duke of Wellington, siegreicher Heerführer gegen Napoleon in der Schlacht von Waterloo. Seit dem frühen 19. Jahrhundert hat sich wenig verändert, die kunstvoll gestalteten, für Besucher zugänglichen Innenräume mit Kunstwerken und Geschenken einflussreicher Freunde des Herzogs wirken fast überdekoriert – Porträts in prächtigen Goldrahmen, schimmerndes Porzellan und ein mit rot-cremefarben gestreifter Seide ausgestatteter Salon.

## 144 CHARLTON HOUSE

**Charlton Rd**
**SE7 8RE**
**South ⑫**
**+44 (0)20 8856 3951**
***greenwichheritage.org/visit/charlton-house***

Der imposante rote Ziegelbau mit weißen Natursteinrahmungen entstand 1607 für den Erzieher des ältesten Sohns von King James (Jakob) I. in einem ländlichen Weiler weit außerhalb der Stadtmauern. Er gilt als eines der besten Beispiele des jakobinischen Stils im ganzen Land, trotz mancher Veränderungen in späteren Jahrhunderten, und ist samt seinem Park für Besucher zugänglich. Der Flügel der Kapelle wurde nach Bombenangriffen im Zweiten Weltkrieg wiederaufgebaut. Heute Sitz der *Charlton House Library*.

# PALASTANLAGEN
## *mit langer Tradition*

145 **BUCKINGHAM PALACE**
SW1A 1AA
St James's ⑤
+44 (0)303 123 7300
*rct.uk/visit/buckingham-palace*

Es wirkt beinahe surreal, den Buckingham Palace im Innern zu betreten, was für die Allgemeinheit jedes Jahr zehn Wochen möglich ist. Die wohl bekannte Sehenswürdigkeit von London dient als Arbeitsstätte und offizielle Residenz der Königin, doch mit einem Ticket kann sich jedermann dort (nur) in den Sommerferien umsehen. Einige Räume stehen hierfür offen, und man bekommt auf dieser Tour prächtige Ölgemälde, Decken mit Vergoldung, riesige Kronleuchter und historische Memorabilien wie den Thron Queen Victorias von 1837 zu Gesicht. Ein seit dem 17. Jahrhundert dort bestehendes Gebäude kam im 18. Jahrhundert in royalen Besitz und entwickelte sich zu der heute bestehenden eindrucksvollen Anlage wie unter der Regierungszeit von Queen Victoria.

146 **HAMPTON COURT PALACE**
KT8 9AU
East Molesey
+44 (0)33 3166 6000
*hrp.org.uk/hampton-court-palace*

Der atemberaubende Tudor-Palast an der Themse im Südwesten Londons diente einst König Henry (Heinrich) VIII. (und seinen vielen Frauen) als Wohnresidenz und wurde im Laufe der Jahre mehrmals erweitert und umgestaltet. 1838 machte Queen Victoria die Anlage, umgeben von einem weitläufigen formalen Park und dem ältesten erhaltenen Heckenlabyrinth des Landes, der Öffentlichkeit zugänglich, die einen Einblick in die Extravaganzen des höfischen Lebensstils ermöglicht. Besichtigen kann man sogar die private Toilette des Königs oder die alten Küchenräume. Laut Gerüchten wird der Palast von einer Reihe Geistern heimgesucht, darunter einige der unglücklichen Ehefrauen Heinrichs …

## 147 KENSINGTON PALACE

**Kensington Gardens**
**W8 4PX**
**Kensington ④**
**+44 (0)33 3166 6000**
***hrp.org.uk/kensington-palace***

Trotz der Tatsache, dass es sich beim Kensington Palace (17. Jahrhundert) um das private Stadtpalais der königlichen Familie handelt (augenblicklich des Herzogs und der Herzogin von Cambridge samt ihren Kindern, Prinzessin Charlotte sowie Prinz George und Louis, neben einer Handvoll weiterer Royals), ist der schlicht-elegante Backsteinbau sieben Tage die Woche für die Öffentlichkeit zugänglich. Es ist natürlich unwahrscheinlich, dass man William oder Kate begegnet, wenn man durch die prächtig dekorierten Räume streift, die von früheren royalen Bewohnern hier genutzt wurden wie William III., Mary II., der jungen Queen Victoria oder Prinzessin Diana.

## 148 SOMERSET HOUSE

**Strand**
**WC2R 1LA**
**Covent Garden ①**
**+44 (0)20 7845 4600**
***somersethouse.org.uk***

Vor ihrer Krönung zur Königin lebte Elizabeth I. in einem prächtigen Vorgängerpalast genau hier im Zentrum Londons. Der letzte König, der hier wohnte, verließ ihn 1693. Das heutige klassizistische Gebäude, das die Themse überblickt, wurde in den 1770er-Jahren errichtet und beherbergte später verschiedene Regierungsämter, Behörden und Gesellschaften, darunter die Royal Academy of Arts oder das Einwohnermeldeamt. Schließen Sie sich am besten einer historischen Führung an, oder besuchen Sie das *Arts Centre* (mit oft zum Nachdenken anregenden Wechselausstellungen, Performances und anderen Veranstaltungen). Im Sommer ist der Innenhof Schauplatz von Filmvorführungen und Konzerten, während er sich im Winter in eine populäre, festlich beleuchtete Eisbahn verwandelt.

# *Beeindruckende*
# TUDOR-BAUTEN

149 **MIDDLE TEMPLE HALL**
Middle Temple Lane
EC4Y 9AT
Holborn ①
+44 (0)20 7427 4820
*middletemple venue.org.uk*

Middle Temple ist eine von vier englischen *Inns of Court* – historischen Berufsvereinigungen für Rechtsanwälte. Seit dem 14. Jahrhundert logiert sie in dem Gebäudekomplex Middle Temple Hall, einer perfekt erhaltenen Halle von 1562 mit eindrucksvollem Hammerbalkengewölbe. Obwohl diese bis heute ständig in Gebrauch ist, hat sich dort seit Tudor-Zeiten kaum etwas verändert. Der hohe Tisch soll ein Geschenk von Königin Elizabeth I. sein, während der »Schrank«, ein Tisch, der bei Zeremonien verwendet wurde, angeblich der Lukendeckel von Sir Francis Drakes legendärem Schiff *Golden Hinde* ist. Bei einer (vorher gebuchten) Führung kann man die Halle besichtigen, in der auch Shakespeares Komödie *Was ihr wollt* im Jahr 1602 uraufgeführt wurde.

150 **STAPLE INN**
High Holborn
WC1V 7QJ
Holborn ①

Wer das Staple Inn an der geschäftigen High Holborn passiert, fühlt sich unmittelbar zurückversetzt in die Vergangenheit, denn das Gebäude aus der Tudor-Zeit steht dort seit 1586, während drum herum die Stadt wuchs und sich stark veränderte. Leicht windschief fällt es in einer Straße, die geprägt ist von modernen Cafés und schicken Shops, ganz offensichtlich aus der Reihe. Mit seiner einzigartigen, ins Auge stechenden Holzfassade kaum verändert, ist es eines von wenigen erhaltenen Fachwerkgebäuden aus dem 16. Jahrhundert.

150 STAPLE INN

151 **QUEEN ELIZABETH'S HUNTING LODGE**
6 Rangers Rd
E4 7QH
Chingford
-+44 (0)20 7332 1911
*cityoflondon.gov.uk*

Das außergewöhnliche denkmalgeschützte kleine Fachwerkhaus am Rande des Epping Forest entstand 1543 im Auftrag Henrys (Heinrichs) VIII. als Jagdschloss und wurde später wohl auch von seiner Tochter Elizabeth I. zu Jagdzwecken genutzt. Bei Vorausbuchung einer Tour können Sie die drei Stockwerke erkunden, in Kostüme aus der Tudor-Zeit schlüpfen oder durch die Fenster im Obergeschoss den Blick auf das ehemalige königliche Jagdgebiet genießen.

152 **FULHAM PALACE**
Bishop's Avenue
SW6 6EA
West ⑬
+44 (0)20 7736 3233
*fulhampalace.org*

Der einstige Sitz der Londoner Bischöfe (von 704 bis in die 1970er-Jahre) präsentiert sich als Pasticcio verschiedener Architekturmoden: die Große Halle und der Innenhof im Tudor-Stil (um 1495). Letzterer mit dekorativem Ziegelmauerwerk und einem schönen Tor ist besonders prächtig. Man glaubt buchstäblich, Queen Elizabeth I. und ihren Höflingen 1601 bei einem Fest zu ihren Ehren zu begegnen (frei und täglich geöffnet).

153 **SUTTON HOUSE**
2 & 4 Homerton High St
E9 6JQ
Hackney ⑩
+44 (0)20 8986 2264
*nationaltrust.org.uk/sutton-house-and-breakers-yard*

Das stimmungsvolle, denkmalgeschützte Tudor-Herrenhaus entstand in den 1530er-Jahren als Familiensitz für Sir Ralph Sadleir, Höfling Henrys (Heinrichs) VIII. Als ältestes Gebäude Hackneys wurde es über die Jahre immer wieder umgestaltet, für verschiedene Zwecke genutzt (u. a. als viktorianische Schule und Gewerkschaftsbüro) und in den 1980ern sogar von Hausbesetzern okkupiert, die Gemälde an den Wänden hinterließen. Noch heute atmet es ganz die Atmosphäre der Tudor-Zeit mit originalen Fenstern und prächtigen Kaminen in den stimmungsvollen Räumen mit Eichenholzvertäfelung (mit Führung; Zeiten auf der Website).

# ÄLTESTE GEBÄUDE
## *Londons*

154 **52–55 NEWINGTON GREEN**
N16 9PX
North ⑭

Man kann sie leicht übersehen, die adrette Häuserzeile an der Westseite des Parks Newington Green, und doch handelt es sich hier um die ältesten Reihenhäuser Londons. Sie wurden 1658 noch vor dem Großen Stadtbrand (1666) errichtet und gehören damit zu den seltenen Wohnhausbeispielen aus dem 17. Jahrhundert.

155 **41–42 CLOTH FAIR**
EC1A 7JQ
City of London ②

Der Eckbau von 1614 mit Holzerkerfenstern und großer bogenförmiger Tür ist das älteste bewohnte Haus in der City of London – und das einzige, das den Großen Brand von 1666 überdauerte. Heute ist es in Privatbesitz mit moderner Ausstattung unter Beibehaltung aller historischen Details.

156 **GUILDHALL**
Basinghall St
EC2V 7HH
City of London ②
+44 (0)20 7332 1313
*guildhall.cityoflondon.gov.uk*

Der repräsentative Rathausbau, errichtet 1411–1440, ist seit dem Mittelalter administratives und zeremonielles Zentrum der City of London. Er war Schauplatz spektakulärer Gerichtsverfahren – wie das der 17-jährigen Lady Jane Grey, zwischen Edward VI. und Mary I. Königin für nur neun Tage und wegen Hochverrats verurteilt –, aber auch prunkvoller Umzüge und Feste. Das Dach der *Great Hall*, im Zweiten Weltkrieg bombardiert, wurde 1953 ersetzt, doch ein Großteil der Originalsubstanz mit gotischen und klassizistischen Stilelementen blieb erhalten. Buchen Sie zur Besichtigung der Innenräume eine der monatlichen Führungen.

156 GUILDHALL

## 157 TOWER OF LONDON

**EC3N 4AB**
**City of London ②**
**+44 (0)33 3320 6000**
***hrp.org.uk/tower-of-london***

In dieser Festung wartete Anne Boleyn auf ihre Hinrichtung, wurde Guy Fawkes, Sprengstoff-Attentäter, verhört, verschwanden 1483 zwei Prinzen. Am ältesten ist der *White Tower*, errichtet 1078 unter Wilhelm dem Eroberer, zugleich das älteste intakte Gebäude Londons. Der Rest der weltberühmten Burganlage entwickelte sich um ihn herum. Beim Besuch kann man die Bauphasen vom 13. bis 16. Jahrhundert nachvollziehen, begegnet den legendären »Beefeaters«, den sechs hier gehaltenen Raben und den Kronjuwelen. Stimmungsvoll: die Abendführung (*Twilight Tour*) und die Schlüsselübergabe (*Ceremony of Keys*).

## 158 THE CHARTERHOUSE

**Charterhouse Square**
**EC1M 6AN**
**City of London ②**
**+44 (0)20 7253 9503**
***thecharterhouse.org***

Die Kartause wurde 1371 als katholisches Priorat auf einem alten Pestfriedhof errichtet. Nach Auflösung der Klöster wurde daraus ein Tudor-Herrenhaus – Elizabeth I. bereitete in seinen Räumen ihre Krönungsfeierlichkeiten vor. Im frühen 17. Jahrhundert wurde die Anlage noch einmal neu genutzt – als Schule, Armenhaus und Hospital. Noch heute leben hier 40 »Brüder« (auch wenn seit 2018 Frauen dazukamen!) in einer einzigartigen, friedlichen Umgebung. Schließen Sie sich am besten einer Führung an, um tief in die alte Geschichte einzutauchen.

## 159 THE PALACE OF WESTMINSTER

**SW1A 0AA**
**Westminster ⑤**
***parliament.uk***

Das lebendige Herz moderner Politik, aber auch ein Stück alter Geschichte verbinden sich im Palace of Westminster, Heimat des britischen Parlaments, wo im standesgemäßen Ambiente Gesetzesvorlagen debattiert werden. Der Großteil des Gebäudes stammt von 1834, als es nach einem Brand neu errichtet wurde. Nur *Westminster Hall* ist älter (ab 1097; mit beeindruckendem Holzdach aus dem 14. Jahrhundert) und damit der einzige Bereich des ursprünglichen Palasts, der heute noch zu sehen ist. Führungen werden am Samstag angeboten (und unter der Woche, wenn das Parlament nicht tagt). Der kleine *Jewel Tower* von 1365 südwestlich gehörte ebenfalls noch zum ursprünglichen Palast (täglich geöffnet).

179 **LEIGHTON HOUSE MUSEUM**

# KUNST & KULTUR


ÄLTESTE GEBÄUDE *Londons* — 129

MUSEEN *der Spitzenklasse* — 134

MUSIC HALLS *der alten Schule* — 137

*Historische* FILMTHEATER — 141

*Museal genutzte* WOHNHÄUSER — 144

*Londons älteste* THEATER — 149

*Museen zur* LOKALGESCHICHTE — 152

KUNSTGALERIEN *mit langer Tradition* — 156

*Kuriose* KLEINSTMUSEEN — 158

*Nostalgisch* AUSGEHEN — 161

# MUSEEN
## der Spitzenklasse

160 **V&A**
**Cromwell Rd**
**SW7 2RL**
**Kensington** ④
**+44 (0)20 7942 2000**
***vam.ac.uk***

Eine Kathedrale des Kunstgewerbes und eines der weltbesten Museen ist das *Victoria & Albert Museum* (V&A). Im Innern entfaltet es ein spektakuläres Fest der schönen und angewandten Kunst, mit Dauerausstellungen für edlen Schmuck, Keramik und Porzellan, filigrane Glaswaren, Textilien und Mode aus fünf Jahrtausenden Kunstgeschichte – und alles kostenlos. Das Gebäude selbst ist Grund genug für den Besuch. Königin Victoria legte im Jahr 1899 das Fundament für einen Präsentationsbau der besten Beispiele zeitgenössischen Kunstgewerbes und Designs. Im Laufe der Jahrzehnte hat sich das Gebäude stark verändert, bleibt jedoch mit seinen dekorativen Kuppeln, Bögen und Türmen ein außergewöhnliches Beispiel viktorianischer Architektur.

161 **NATURAL HISTORY MUSEUM**
**Cromwell Rd**
**SW7 5BD**
**Kensington** ④
**+44 (0)20 7942 5000**
***nhm.ac.uk***

Das Natural History Museum mit seiner schönen Terrakottastreifenfassade eröffnete im Jahr 1881, um einen Teil der wachsenden naturkundlichen Sammlungen des British Museum aufzunehmen. Da damals regelmäßig neue Arten und Pflanzen entdeckt wurden, wurde es in so großzügigen Dimensionen konzipiert, dass es sogar Dinosaurierskelette präsentieren konnte. Die Säle des Naturgeschichtlichen Museums enthalten eine außergewöhnlich große Zahl historischer Exponate, während man gleichzeitig die moderne Forschung unterstützt, um aktuelle Probleme zu beleuchten. Seit seiner Eröffnung ist der Eintritt in das Museum frei.

162 **BRITISH MUSEUM**
**Great Russell St**
**WC1B 3DG**
**Bloomsbury** ⑦
**+44 (0)20 7323 8000**
***britishmuseum.org***

Das Museum wurde 1753 gegründet, nachdem der Wissenschaftler Sir Hans Sloane seine Kunstsammlung mit über 70 000 Objekten dem Staat vermacht hatte, und war (und ist bis heute) kostenlos zugänglich. Seine schier unerschöpflichen Sammlungen enthalten Skurriles wie ägyptische Katzenmumien neben weltberühmten Artefakten wie den sog. *Elgin Marbles* von der Akropolis oder den *Stein von Rosette*.

160 **V&A**

BOX OFFICE
CHAMPAGNE CHARLIE
GEORGE LEYBOURNE
WILTON'S

# MUSIC HALLS
## *der alten Schule*

163 **WILTON'S MUSIC HALL**
**1 Graces Alley**
**E1 8JB**
**East** ⑪
**+44 (0)20 7702 2789**
***wiltons.org.uk***

Ein Besuch in dieser Music Hall ermöglicht eine Auszeit vom London des 21. Jahrhunderts. Der charmante viktorianische Musiksaal bestand bereits von 1859 bis 1881 in der stimmungsvollen Graces Alley. Auf wundersame Weise ist es ihm gelungen, intakt zu überleben, nachdem man ihn in der Zwischenzeit als Suppenküche und Sortierlager für Lumpen zweckentfremdet hatte. Nach sensibler Renovierung trat er buchstäblich wieder zurück auf die öffentliche Bühne, mit dem, wofür er auch schon früher stand: Kabarett, Theater- und Musikaufführungen. Abblätternde Farbe, unverputztes Mauerwerk, kurz: das leicht Morbide, tragen gerade bei zu seiner besonderen Atmosphäre.

164 **RIVOLI BALLROOM**
**350 Brockley Rd**
**SE4 2BY**
**South** ⑫
**+44 (0)20 8692 5130**
***rivoliballroom.com***

Der Retro-Ballraum mit chinesischen Laternen und plüschigem Interieur in Rot- und Goldtönen präsentiert sich erstaunlich gut erhalten ganz im Design der 1950er-Jahre. Eröffnet wurde er jedoch bereits 1913 und hieß seitdem Foxtrott-Anhänger und Charleston-Champions willkommen. Man kann noch immer zu einem Boogie bei einer Jive-Party vorbeischauen, oder wenn man lieber sitzen bleibt, bei einer Filmvorführung die Action auf der Leinwand (und nicht die funkelnden Kronleuchter!) im Auge behalten.

## 165 TROXY

**490 Commercial Rd**
**E1 0HX**
**East** ⑪
**+44 (0)20 7790 9000**
***troxy.co.uk***

Wenn wirklich Gutes nur in kleinen Dosen kommt, so bildet das Troxy die berühmte Ausnahme von der Regel. Dieses Bild von einem Art-déco-Kino eröffnete 1933 als größtes Filmtheater Englands mit einem Fassungsvermögen von 3520 Cineasten. In den 1960er geriet seine Erfolgsserie dann ins Stocken, doch nach einem Intermezzo als Übungsbühne für das Royal Opera Center und Bingohalle ist es heute ein gepflegter Veranstaltungsort, in dem Konzerte und Aufführungen aller Art neben Festivals stattfinden.

## 166 BUSH HALL

**310 Uxbridge Rd**
**W12 7LJ**
**West** ⑬
**+44 (0)20 8222 6955**
***bushhallmusic.co.uk***

Diese 1904 entstandene Tanzhalle gehörte zu einem Trio von Musikhallen, die ein wohlhabender Vater für seine drei Töchter in Auftrag gab (nennen wir es: ein großzügiges Geschenk). Im letzten Jahrhundert wurde es zweckentfremdet als Snookerhalle, Suppenküche und Probenraum der Rockgruppe *The Who*. Inzwischen ist es wieder ein Ort für Livemusik, dem es mit seiner prunkvollen Gewölbedecke und glitzernden Kronleuchtern gelingt, ein wenig vom Glamour der frühen 1920er-Jahre zu bewahren, egal, wer auf der Bühne steht.

## *Historische*
# FILMTHEATER

167 **THE SCREEN ON THE GREEN**
**83 Upper St**
**N1 0NP**
**Islington** ⑧
**+44 (0)87 2436 9060**
***everymancinema.com/screen-on-the-green***

Die bogenüberwölbte rot-grüne Leuchtreklame an der Gebäudefront zählt zu den markanten Sehenswürdigkeiten Londons. Das Kino selbst wechselte mehrmals den Besitzer, doch der skurrile kleine Bau, gesäumt von Bars, Cafés und mondänen Läden, fungiert seit 1913 als ältestes, ohne Unterbrechung bestehendes Filmtheater Großbritanniens. In den 1970er-Jahren fanden dort Liveauftritte von The Clash oder den Sex Pistols statt. Im Inneren nach einem Umbau neu ausgestattet mit bequemen Plüschsitzen, Bar im Zuschauerraum und Hightech-Anlagen, hat das Kino heute auf der Straße einen recht anspruchsvollen Ruf.

167 THE SCREEN ON THE GREEN

## 168 ELECTRIC CINEMA

**191 Portobello Rd**
**W11 2ED**
**West** ⑬
**+44 (0)20 7908 9696**
***electriccinema.co.uk***

Die Besucher machen es sich hier bequem unter Kaschmirdecken auf gepolsterten Liegesesseln, um einen Blockbuster zu sehen. Das Filmtheater besteht seit 1911, war jedoch nicht immer so luxuriös ausgestattet wie heute. Einige Jahrzehnte wirkte es eher schmuddelig und heruntergekommen, hieß offiziell »The Imperial«, liebevoll »The Fleapit« (Flohgrube) genannt. Erst in den 1970ern wurde es zum »Electric« und stand zunehmend für anspruchsvolle Autorenfilme, die sonst nirgendwo zu sehen waren. Heute wird die denkmalgeschützte Schönheit (mit original Proszeniumsbogen über der Leinwand) von Soho House betrieben, und kein Floh ist weit und breit mehr in Sicht.

## 169 THE CASTLE CINEMA

**64–66 Brooksby's Walk**
**E9 6DA**
**Hackney** ⑩
***thecastlecinema.com***

Das nette Stadtviertelkino in Clapton blickt auf eine wechselvolle Vergangenheit zurück. Seit seiner Eröffnung 1913 mit einer Einzelleinwand wurde es später als Bingohalle, Schuhfabrik und Snookerclub genutzt. 2017 kehrte es zurück zu seinen filmischen Wurzeln, dank eines engagierten Paars, das es sorgfältig restaurierte, und der Londoner, die dies per Crowdfunding finanzierten. Achten Sie auf die Architektur, die schöne, geschwungene Decke und die prächtigen vergoldeten Stuckelemente, und entspannen Sie sich an der Bar, die mit Art-déco-Ausstattung der Historie des Hauses Rechnung trägt.

170 **RIO CINEMA**
**107 Kingsland High St**
**E8 2PB**
**Hackney** ⑩
**+44 (0)20 7241 9410**
***riocinema.org.uk***

Hier wurde 1909 eines der ersten Kinos in London eröffnet. Das heutige denkmalgeschützte Art-déco-Gebäude jedoch stammt original aus den 1930er-Jahren – mit Retro-Schriftzug, beleuchteter Fassade und kühnem, farbprächtigem Interieur, die noch immer so aussehen wie zu der Zeit, als es Kultarchitekt F. E. Bromige entworfen hatte. Was man nicht sieht, wenn man dort Popcorn kaut: Über der malvenfarbenen Decke des Kinosaals liegen die Überreste des ursprünglichen gewölbten Auditoriums.

171 **EVERYMAN MUSWELL HILL**
**Fortis Green Rd**
**N10 3HP**
**North** ⑭
**+44 (0)87 2436 9060**
***everymancinema.com/muswell-hill***

Das denkmalgeschützte Kino (betrieben von der Everyman Filmtheatergruppe) wurde 1936 erstmals eröffnet. Noch heute wirkt es nicht anders als zur Entstehungszeit, wo es als eines von 78 Art-déco-Kinos von dem Architekten George Coles entworfen worden war. Erst vor Kurzem wurde das Gebäude umfangreich renoviert, um es in seiner ursprünglichen Schönheit wieder erstehen zu lassen. Wer das prächtige Foyer betritt, fühlt sich wie auf einer Zeitreise ins Art déco.

172 **PHOENIX CINEMA**
**52 High Rd**
**N2 9PJ**
**North** ⑭
**+44 (0)20 8444 6789**
***phoenixcinema.co.uk***

Auch wenn es von außen fast unscheinbar aussehen mag, ist das beliebte Phoenix etwas wirklich Besonderes – ein gemeinnütziges Kino, das von einer Stiftung im Auftrag des Stadtteils North London betrieben wird. Im Innern präsentiert es sich jedoch als Art-déco-Schönheit, mit einer großen Leinwand unter einer gewölbten Decke mit allerlei Golddekor. Mit dieser lebendigen Ästhetik empfängt es Cineasten seit über hundert Jahren, als es – damals noch als East Finchley Picturedrome – eröffnet wurde.

# *Museal genutzte*
# WOHNHÄUSER

173 **SIR JOHN SOANE'S MUSEUM**
**13 Lincoln's Inn Fields**
**WC2A 3BP**
**Holborn** ①
**+44 (0)20 7405 2107**
***soane.org***

Das frühere Wohnhaus von Sir John Soane (1753–1837), gefeierter Architekt des 19. Jahrhunderts, ist nicht nur ein wunderbar kuratiertes Museum, sondern eine Art Zeitkapsel, denn nach seinem Tod blieb es mehr oder weniger unberührt. Heute kann man dort neben seinen privaten Zimmern Räume mit Schätzen aller Art besichtigen, die er sein ganzes Leben sammelte wie Statuen, großartige Gemälde, Möbelstücke und 3000 Jahre alte ägyptische Sarkophage. Bei freiem Eintritt ist das Haus (nach Buchung im Voraus) Mittwoch bis Sonntag geöffnet.

174 **KEATS HOUSE**
**10 Keats Grove**
**NW3 2RR**
**North** ⑭
**+44 (0)20 7332 3868**
***cityoflondon.gov.uk***

Die weiße georgianische Villa im grünen Hampstead ist so hübsch, dass man selbst Lust bekommen könnte, Gedichte zu verfassen wie der britische Nationaldichter John Keats (1795–1821), der hier von 1818 bis 1820 lebte, in einem damals noch ländlichen, kreativen Viertel. An einigen Tagen für Besucher geöffnet, bietet das Museum auch Wechselausstellungen, Vorträge, Rundgänge und Workshops.

175 **DOWN HOUSE**
**Luxted Rd**
**BR6 7JT**
**Orpington**
**+44 (0)16 8985 9119**
***english-heritage.org.uk/downhouse***

In diesem Haus in Kent südöstlich von London lebte (und experimentierte) der bekannte Naturwissenschaftler Charles Darwin (1809–1882) ab 1842 mit seiner Familie. Im Arbeitszimmer verfasste er sein bahnbrechendes Werk *Über die Entstehung der Arten*, und im großzügigen Garten führte er viele seiner Experimente durch. Skurril: der Regenwurmstein, an dem er das allmähliche Absacken des Bodens durch Wurmbewegungen beobachtete.

## 176 HANDEL & HENDRIX IN LONDON

**25 Brook St**
**W1K 4HB**
**Mayfair ⑥**
**+44 (0)20 7495 1685**
***handelhendrix.org***

Durch einen unglaublichen Zufall lebten zwei bekannte Musiker, durch zwei Jahrhunderte getrennt, fast genau am selben Ort in London. Die beiden Häuser (Nr. 23 und 25 Brook Street) vereinigte man später zu einem kleinen, faszinierenden Museum. In dem roten Backsteinbau mit uralten, knarrenden Dielen lebte der Barockkomponist Georg Friedrich Händel (1685–1759) von 1723 bis zu seinem Tod. In eine ganz andere Zeit entführt die kleine Wohnung, die Jimi Hendrix (1942–1970) Ende der 1960er-Jahre mit seiner Freundin Kathy Etchingham gemietet hatte (weiß verputzt). Ab März 2023 erinnern in Hendrix' Schlafzimmer wieder halb gerauchte Zigaretten, groovige Wandbehänge und Weinflaschen (Mateus Rosé) an den genialen, früh verstorbenen Gitarristen.

176 HANDEL & HENDRIX IN LONDON

179 LEIGHTON HOUSE MUSEUM

177 **CHARLES DICKENS MUSEUM**

**48 Doughty St**
**WC1N 2LX**
**Bloomsbury** ⑦
**+44 (0)20 7405 2127**
***dickensmuseum.com***

Während der Schriftsteller Charles Dickens (1812–1870) mit seiner Familie in dem hübschen georgianischen Reihenhaus lebte, entstanden die Romane *Die Pickwickier* und *Nicholas Nickleby*. Man kann in dem Museum die Schlafräume der Familie, Dienstbotenquartiere und Esszimmer (eingedeckt für eine Mahlzeit) besichtigen – und Dickens' Arbeitszimmer, voll mit handgeschriebenen Briefen und Originalmanuskripten. Besonders stimmungsvoll ist ein Besuch in den Abendstunden.

178 **WILLIAM MORRIS GALLERY**

AM LLOYD PARK
**Forest Rd**
**E17 4PP**
**Walthamstow** ⑪
**+44 (0)20 8496 4390**
***wmgallery.org.uk***

William Morris (1834–1896), Schriftsteller, kreatives Universalgenie und Begründer der sozialistischen Bewegung, lebte als Jugendlicher mit Familie von 1848 bis 1856 in dem prächtigen Anwesen aus den 1740ern in Walthamstow. Das dortige Museum präsentiert heute Teppiche, Stoffe und persönliche Gegenstände des Gründers der *Arts-and-Crafts*-Bewegung (kostenlos Dienstag bis Sonntag). Weitere Tipps zu Arts and Crafts: Museum der *William Morris Society* in der Remise von Kelmscott House, sein Wohnhaus 1878–1896, oder das von ihm in Auftrag gegebene beeindruckende *Red House*.

179 **LEIGHTON HOUSE MUSEUM**

**12 Holland Park Rd**
**W14 8LZ**
**Kensington** ④
**+44 (0)20 7602 3316**
***rbkc.gov.uk/museums***

Das ehemalige Wohn- und Atelierhaus des erfolgreichen viktorianischen Malers, Illustrators und Bildhauers Lord Frederic Leighton (1830–1896), ein wirklich beeindruckendes Universalkunstwerk, wurde ab 1866 nach seinem Entwurf errichtet und ausgestattet. Das monumentale Äußere des Anwesens wird durch das aufwendige Innere noch übertroffen, mit viel Kunst und Mitbringseln von seinen Reisen. Die Zimmer sind reich mit Fliesen, Marmorsäulen und Seidentapeten dekoriert. Die zweistöckige *Arab Hall* mit schimmernden Goldmosaiken und wunderschönen Fliesen (15./16. Jahrhundert) wurde päter angefügt. Das Haus steht offen für Besichtigungen, Workshops, Vorträge und Konzerte.

# *Londons älteste* THEATER

180 **THEATRE ROYAL DRURY LANE**
**Catherine St**
**WC2B 5JF**
**Covent Garden** ①
**+44 (0)20 7557 7300**
***lwtheatres.co.uk/theatres/theatre-royal-drury-lane***

Als ältester dauerhaft betriebener Theaterstandort – seit 1663 – ist das Theatre Royal Drury Lane nicht weniger dramatisch als die Inszenierungen, die hier auf die Bühne gelangen. Das heutige Gebäude mit zwei kunstvollen königlichen Logen wurde 1812 eingeweiht. Im Rahmen laufender Restaurierung soll das Theater wieder in seinen Zustand im frühen 19. Jahrhundert zurückversetzt werden, nachdem es infolge eines Brands wiederaufgebaut werden musste – doch verbessert zugänglich, mit Restaurant und breiteren Sitzen. Auch das originale Treppenhaus soll wieder einen Ehrenplatz erhalten.

181 **THEATRE ROYAL HAYMARKET**
**18 Suffolk St**
**SW1Y 4HT**
**Piccadilly** ⑤
**+44 (0)20 7930 8800**
***trh.co.uk***

Seit 1720 ein Liebling der Londoner Theatergänger, konnte das Theatre Royal Haymarket auf prominente Anhänger und Gönner zählen – darunter die Königinnen Victoria und Elizabeth II. oder Oscar Wilde –, zu seinen prominenten Bühnenstars gehörten Noel Coward, Vivian Leigh oder Maggie Smith. 1820 wurde es durch einen größeren Neubau ersetzt, der samt dem prächtig ausgestatteten Zuschauerraum unter Denkmalschutz steht.

182 **ADELPHI THEATRE**
**Strand**
**WC2R 0NS**
**Covent Garden** ①
***lwtheatres.co.uk/theatres/adelphi***

Im Laufe der Jahre mehrmals abgerissen und (unter anderem Namen) neu aufgebaut, steht das Aldelphi Theatre hier seit 1806. Das heutige Gebäude von Ernest Schaufelberg, gespickt mit Art-déco-Elementen, stammt aus den 1930er-Jahren. (Achten Sie vor dem Eintritt ins Foyer auf die Retro-Fassade mit Originalbeschriftung.) Heute dient das Adelphi als populäres Musical-Theater mit 1500 Plätzen.

183 **ROYAL OPERA HOUSE**
**Bow St**
**WC2E 9DD**
**Covent Garden** ①
**+44 (0)20 7304 4000**
***roh.org.uk***

Die eleganten hufeisenförmigen Balkone, Stuck und Golddekor im Zuschauerraum des bedeutendsten britischen Opernhauses könnten leicht vom Bühnengeschehen ablenken. Mit seinen klassizistischen Stilelementen blieb es annähernd unverändert, seit es nach einem Brand 1856 (zum dritten Mal) wiederaufgebaut wurde. Das atemberaubende Ambiente lässt sich schön erkunden, wenn man Tickets für eine Aufführung bucht oder eine Backstage-Führung – oder einfach auf einen Drink vorbeischaut. Das Gebäude (täglich ab 10 Uhr für Besucher geöffnet) ist Heimat der *Royal Opera* und des *Royal Ballet*.

184 **VAUDEVILLE THEATRE**
**404 Strand**
**WC2R 0NH**
**Covent Garden** ①
**+44 (0)33 0333 4814**
***nimaxtheatres.com/ vaudeville-theatre***

Seit 1870 kommen in diesem alteingesessenen Theater im West End mit prächtigem verglastem Baldachin Varieté-Shows auf die Bühne. Seither wurde es mehrmals umgebaut, doch viele Stilelemente aus der Frühzeit haben sich erhalten wie die dekorative fächerförmige Decke im Zuschauerraum, die noch in die Zeit seiner Eröffnung zurückreicht. Das heutige Gebäude stammt zum größten Teil von 1926, als das Theater bei einer Renovierung mehr Sitzgelegenheiten und einen größeren rechteckigen Zuschauerraum erhielt.

185 **SAVOY THEATRE**
**Savoy Court**
**WC2R 0ET**
**Covent Garden** ①
**+44 (0)84 4871 7687**
***thesavoytheatre.com***

Glänzend, glitzernd und oft stark vom Bühnengeschehen ablenkend, präsentiert sich das Innere des Savoy Theatre mit einem ganz eigenen Charakter. 1881 eröffnet, war es weltweit das erste öffentliche Gebäude, das vollständig mit Elektrizität beleuchtet wurde. Vierzig Jahre später wurde der Zuschauerraum umgestaltet in Art-déco-Formen. Dieses dramatische, metallische, verspiegelte Design der 1920er-Jahre wurde auch nach einem Feuer 1990 minutiös wiederhergestellt. Im Gegensatz zu manch anderem modernisierten Gebäude eine höchst fesselnde Erfahrung.

183 **ROYAL OPERA HOUSE**

*Museen zur*

# LOKALGESCHICHTE

186 **MUSEUM OF LONDON**
**150 London Wall**
**EC2Y 5HN**
**City of London** ②
**+44 (0)20 7001 9844**
***museumof london.org.uk***

Als Infopunkt zur Lokalgeschichte ist das Museum of London einfach ein Muss. Mit seinem Sitz nahe des Barbican und eines Abschnitts der historischen Stadtmauer (*London Wall*) gilt es als unumstrittene Autorität für Vergangenheit, Gegenwart und Zukunft der Stadt. (Wegen seiner enorm gewachsenen Sammlung ist allerdings derzeit geplant, es in ehemalige Marktgebäude in Smithfield zu verlegen.) Seine permanenten (kostenlosen) Ausstellungen dokumentieren die Geschichte vom römischen *Londinium* bis zu den Olympischen Sommerspielen 2012, schlagen dabei den Bogen über Pestepidemien, Stadtbrände, Kriegszerstörung, Sozialreformen und Stadtentwicklung. Geboten werden dazu auch Führungen, Vorträge und Workshops. Die Unterabteilung *Museum of London Docklands*, die sich dem Verhältnis Londons zu Themse und den einst blühenden Docks widmet, ist ebenfalls einen Besuch wert (1 Warehouse).

187 **BLACK CULTURAL ARCHIVES**
**1 Windrush Square**
**SW2 1EF**
**South** ⑫
**+44 (0)20 3757 8500**
***blackcultural archives.org***

Als einziges nationales Kulturzentrum, das sich mit der Geschichte der afrikanischen und karibischen Bevölkerung Großbritanniens beschäftigt, leisten die Black Cultural Archives einen unschätzbaren Beitrag dazu, bisher kaum erforschte und erzählte Geschichte(n) zu sammeln und zu dokumentieren. In ihrem denkmalgeschützten modernen Gebäude am Windrush Square in Brixton bieten sie das nötige Umfeld für Literaturrecherchen, Vorträge, Filmvorführungen und Diskussionen – neben regelmäßigen Ausstellungen, die die reiche Geschichte der »People of Colour« Großbritanniens spiegeln.

## 188 LONDON TRANSPORT MUSEUM

**Covent Garden Piazza**
**WC2E 7BB**
**Covent Garden ①**
**+44 (0)34 3222 5000**
***ltmuseum.co.uk***

Im Londoner Verkehrsmuseum (LTM) kann man hautnah erfahren, wie sich die Stadt in den vergangenen 200 Jahren durch Veränderungen im öffentlichen Nahverkehr entwickelte. Ein familienfreundliches Museum, vollgepackt mit Exponaten wie viktorianischen Pferdebussen, frühen U-Bahn-Abteilen oder Triebwagen, aber auch historischen Plakaten und – natürlich – dem heute ikonischen originalen U-Bahn-Plan. Lohnend ist der Museumsshop mit über 320 000 historischen Objekten (*ltmuseumsshop.co.uk*). Besuchen Sie (an ausgewählten Öffnungstagen) auch das *LTM Depot* in Acton (118–120 Museum Way, Gunnersbury).

## 189 MUSEUM OF THE HOME

**136 Kingsland Rd**
**E2 8EA**
**Hackney ⑩**
**+44 (0)20 7739 9893**
***museumof thehome.org.uk***

Das Museum of the Home, untergebracht in einer Gruppe denkmalgeschützter ehemaliger Armenhäuser aus dem 18. Jahrhundert, zeichnet minutiös anhand von Möbelstücken, Textilien, Kunsthandwerk und praktischen Objekten aller Art das Alltagsleben der Menschen nach wie sie lebten, aßen, schliefen oder sich wuschen. Teile der Gebäude wurden als exakte, höchst stimmungsvolle Momentaufnahmen inszeniert, die das Alltagslebens im 18. und 19. Jahrhundert festhalten. So bewegt man sich durch faszinierende Räume, die echten Londoner Bürgerhäusern aus der Zeit von 1630 bis 1990 nachempfunden sind.

# KUNSTGALERIEN

## *mit langer Tradition*

190 **ROYAL ACADEMY OF ARTS**
IM BURLINGTON HOUSE
**Piccadilly**
**W1J 0BD**
**Mayfair** ⑥
**+44 (0)20 7300 8090**
***royalacademy.org.uk***

Die Royal Academy wurde 1768 als Vereinigung zur Förderung der Künste von einer Gruppe bildender Künstler und Architekten gegründet. Ihren Sitz hatte sie zunächst in Somerset House, teilte sich später den Raum mit der National Gallery, bis sie 1867 nach Burlington House umzog. Legendär sind ihre Ausstellungen, besonders die jährliche *Summer Exhibition,* die als weltweit größte frei zugängliche Kunstausstellung seit 1769 stattfindet. Werfen Sie auch einen Blick auf den hölzernen Prototyp der heute ikonischen roten Telefonzellen unter dem Gewölbe der Eingangshalle.

## 191 NATIONAL GALLERY

**Trafalgar Square**
**WC2N 5DN**
**Covent Garden** ①
**+44 (0)20 7747 2885**
***nationalgallery.org.uk***

Das klassizistische Gebäude für die Galerie wurde 1838 im Herzen der City eröffnet, mit großartigen Gemälden von Weltrang an den Wänden, frei erreichbar für alle Gesellschaftsschichten. Die ständige Sammlung (bis heute kostenlos zugänglich) umspannt Jahrhunderte der Malereigeschichte, mit absoluten Highlights wie der *Felsgrottenmadonna* von Leonardo da Vinci oder Vincent van Goghs *Sonnenblumen*. Gleich nördlich angrenzend liegt die *National Portrait Gallery* mit Porträts berühmter Briten wie Henry (Heinrich) VIII., Elizabeth I., William Shakespeare oder Queen Victoria (*npg.org.uk*).

## 192 DULWICH PICTURE GALLERY

**Gallery Rd**
**SE21 7AD**
**South** ⑫
**+44 (0)20 8693 5254**
***dulwichpicture gallery.org.uk***

Das äußerlich fast schlicht wirkende Gebäude in South London war die erste öffentliche Kunstgalerie des Landes. Ihre Sammlung zeigt Meisterwerke aus ganz Europa, darunter Rembrandt, Peter Paul Rubens, William Constable oder Thomas Gainsborough. Das Gebäude entstand 1811 als erster Zweckbau für ein Museum, nachdem der Maler Sir Francis Bourgeois und der Kunsthändler Noël Desenfans ihre beiden eindrucksvollen Sammlungen dem Dulwich College vermacht hatten – unter der Vorgabe, die Werke sollten der Öffentlichkeit zugänglich gemacht werden.

*Kuriose*

# KLEINSTMUSEEN

193 **THE OLD OPERATING THEATRE MUSEUM**
**9a St Thomas St**
**SE1 9RY**
**South Bank** ②
**+44 (0)20 7188 2679**
***oldoperating theatre.com***

Ein Museum für Operationsgeschichte wie es atmosphärischer – oder gruseliger – kaum sein könnte. Der erstaunlich gut erhaltene Operationssaal, von 1822 bis 1862 in Betrieb, ist der älteste erhaltene seiner Art in Europa. Untergebracht ist er unter dem Dachstuhl der *St Thomas' Church*, mit einem Lichtschacht, der den Chirurgen bessere Sicht auf ihre Arbeit ermöglichen sollte, und Sitzgelegenheiten für mehr als 100 Studenten, die sie dabei beobachteten. Eine Zeit lange vor Erfindung von Anästhesie und Antiseptika. Wer erfahren hat, welch grausame Behandlungen damals im Namen der Medizin vollzogen wurden, ist heilfroh, dass man hier nur vermeintlich die Zeit zurückgedreht hat.

194 **POLLOCK'S TOY MUSEUM**
**1 Scala St**
**W1T 2HL**
**Fitzrovia** ⑦
**+44 (0)20 7636 3452**
***pollockstoy museum.co.uk***

Zwei historische Gebäude in Fitzrovia beherbergen heute eine faszinierende historische Spielzeugsammlung, untergebracht in alten Schränken und Vitrinen. Von der 4000 Jahre alten ägyptischen Maus aus Ton, viktorianischen Porzellanpuppen oder altmodischen Teddybären bis hin zu Puzzles aus den 1970er-Jahren reicht die nostalgische Reise durch Kindheitsträume in dem schrulligen Museum. Man schlendert durch enge Gänge, vorbei an heiß geliebten Spielzeugteilen, erinnert sich dabei unwillkürlich an die eigene Kindheit.

 **POLLOCK'S TOY MUSEUM**

195 **MUSEUM OF BRANDS**
**111–117 Lancaster Rd**
**W11 1QT**
**West** ⑬
**+44 (0)20 7243 9611**
***museumofbrands.com***

Wer hätte gedacht, dass auch Müslischachteln faszinieren können? Beim Besuch des Museum of Brands, das sich historischen Marken (*Brands*) von Konsumgütern widmet, spaziert man durch eine Art Zeittunnel, der der Geschichte der Konsumkultur und ihrer Objekte von viktorianischen Zeiten bis in die Moderne nachgeht – anhand wunderschöner Retro-Verpackungen. Spielzeugobjekte, Poster, Zeitschriftencover und Anzeigen säumen die Wände, wobei die Ausstellung auch zurück in Zeiten gesellschaftlicher Veränderung führt, mit Themen wie Suffragetten als Kämpferinnen für das Frauenwahlrecht, Feminismus oder zunehmender Verbrauch von Plastik.

196 **HORNIMAN MUSEUM & GARDENS**
**100 London Rd**
**SE23 3PQ**
**South** ⑫
**+44 (0)20 8699 1872**
***horniman.ac.uk***

Seit viktorianischer Zeit (1901), als der Teehändler Frederick John Horniman seine umfangreiche Privatsammlung zu Anthropologie, Natur- und Musikgeschichte der Öffentlichkeit zugänglich machte, besteht dieses Museum im Arts-and-Crafts-Stil. Dazu gehören ein Aquarium und Schmetterlingshaus, Musikpavillon und kleiner Zoo, neben der Naturgeschichtlichen Sammlung als absolutem Highlight, in deren Zentrum ein anatomisch fragwürdiges ausgestopftes Walross sitzt. Wie vor über hundert Jahren werden die Exponate in traditionellen Vitrinen-Schränken präsentiert.

# *Nostalgisch*
# AUSGEHEN

197 **THE MOUSETRAP**
IM ST MARTIN'S THEATRE
**West St**
**WC2H 9NZ**
**Covent Garden** ①
**+44 (0)20 7836 1443**
***uk.the-mousetrap.co.uk***

Langjährige erfolgreiche Theaterproduktionen sind im West End wahrlich keine Seltenheit, doch keine reicht an Agatha Christies *The Mousetrap* (*Die Mausefalle*) heran, eines ihrer packenden Kriminalstücke, ursprünglich konzipiert als Hörspiel. Es läuft seit 1952 ohne Unterbrechung, seit 1974 an seinem heutigen Spielort im *St Martin's Theatre*. Im Foyer verzeichnet dort ein Schild die rekordverdächtige Zahl der Aufführungen.

198 **RONNIE SCOTT'S**
**47 Frith St**
**W1D 4HT**
**Soho** ①
**+44 (0)20 7439 0747**
***ronniescotts.co.uk***

Der beliebte Jazzclub in Soho, eröffnet von dem britischen Saxofonisten Ronnie Scott, unterhält seit 1959 Musikliebhaber, ab 1965 in dem heutigen Lokal. Hier traten erstmals amerikanische Jazzmusiker in Großbritannien auf, später folgten legendäre Interpreten wie Miles Davis. Bis heute einer der berühmtesten Jazzclubs der Welt mit intimer Atmosphäre, in dem auch zahlreiche Livealben aufgenommen wurden.

199 **TROUBADOUR**
**265–267 Old**
**Brompton Rd**
**SW5 9JA**
**Chelsea** ④
**+44 (0)20 7341 6333**
***troubadourlondon.com***

Eröffnet 1954 als Café im Greenwich-Village-Stil, hat sich das Troubadour mit Retro-Touch im Aussehen seither kaum verändert. Noch immer gibt es dort Kaffee, Schnaps und Hausmannskost, doch eher kennt man es wahrscheinlich als Ort für Livemusik. Im Laufe der Jahre gaben sich dort die Stars buchstäblich die Klinke in die Hand wie Bob Dylan (unter Pseudonym), Paul Simon, Rolling-Stones-Drummer Charlie Watts, Joni Mitchell oder Jimi Hendrix.

MEGA MONDAY
10 CHANCES TO WIN £100
PARTY WITH US THIS CHRISTMAS

200 **BUZZ BINGO TOOTING**

**50 Mitcham Rd**
**SW17 9NA**
**South** ⑫
**+44 (0)20 8672 5717**
***buzzbingo.com/club/tooting.html***

Völlig unerwartet präsentiert sich diese prächtige Bingohalle in Tooting innen fast wie eine Kirche – mit gotischen Spitzbögen und imitierten mittelalterlichen Friesen. Heute denkmalgeschützt, eröffnete der Saal 1931 als eines der wohl außergewöhnlichsten Filmtheater, ein Raum, den man einfach gesehen haben muss! Natürlich findet man hier alle Einrichtungen und Accessoires, die man zum Bingo braucht – Stühle und Tische in ordentlichen Reihen, Spielautomaten, Gefäße mit Dabbers (zum Markieren) –, hat jedoch möglicherweise Schwierigkeiten, sich auf die Ziehungen der Zahlen zu konzentrieren.

201 **SHAKESPEARE'S GLOBE**

**21 New Globe Walk**
**SE1 9DT**
**South Bank** ③
**+44 (0)20 7401 9919**
***shakespearesglobe.com***

Nicht schon seit Shakespeares Zeiten, sondern erst seit den späten 1990er-Jahren besteht diese originalgetreue Nachbildung seines legendären Schaffens- und Uraufführungsorts, des *Globe Theatre*, ganz in der Nähe von dessen ursprünglichem Standort. Trotzdem fühlt sie sich fast authentisch an. Mit dem günstigsten Ticket (Stehplatz für nur 5 Pfund) kann man im Hof im Freien eine Live-Aufführung besuchen wie die meisten einfachen Theatergänger in elisabethanischer Zeit. Die Shakespeare-Stücke sind – oft experimentell inszeniert und hochrangig besetzt – in den Sommermonaten im Fachwerktheater mit Reetdach zu sehen, das ganze Jahr über finden Führungen statt.

202 **ROWANS TENPIN BOWL**

**10 Stroud Green Rd**
**N4 2DF**
**North** ⑭
**+44 (0)20 8800 1950**
***rowans.co.uk***

Bowling und Pool-Billard spielen, Karaoke singen, *Slushies* (gecrushtes Eis mit Fruchtgeschmack) oder andere Drinks schlürfen und abends lange weggehen kann man bei Rowans an der Südspitze des Finsbury Park. Das ehemalige Kino Rowans Bowl, in den 1910er-Jahren laut Polizeianzeigen ein recht rauer Ort, hat sich in den letzten Jahrzehnten kaum verändert. Ein Ort mit verblasstem Dekor und Retro-Schildern – und ein authentischer Stadtviertel-Treff.

3/-

# LÄDEN & GESCHÄFTE

*Perfekt erhaltene Läden für* **LEBENSMITTEL & GETRÄNKE** 166

*Alteingesessene* **FACHGESCHÄFTE** 170

**BUCHLÄDEN** *mit Patina* 173

*Quellen für* **VINTAGE-MODE** 176

*Fundstellen für* **ANTIQUITÄTEN** 178

*Historische* **PASSAGEN** 181

*Faszinierende* **EINKAUFSSTRASSEN** 183

**KAUFHÄUSER** *mit legendärem Ruf* 187

# *Perfekt erhaltene Läden für* LEBENSMITTEL & GETRÄNKE

203 **PAXTON & WHITFIELD**
93 Jermyn St
SW1Y 6JE
St James's ⑤
+44 (0)20 7930 0259
*paxtonand whitfield.co.uk*

Der Duft über hundert delikater Käsesorten aus handwerklicher Fertigung umweht einen, wenn man Paxton & Whitfield betritt. Mit seiner historischen schwarz-goldenen Fassade an der Jermyn Street ist dieses Käsefachgeschäft seit 1896 in Betrieb, doch seine Geschichte reicht noch weiter zurück: Denn schon 1742 hatte Stephen Cullum auf dem Markt in Aldwych einen Käsestand eröffnet. Als das Geschäft florierte, nahm er zwei Partner auf – Harry Paxton und Charles Whitfield –, deren Namen (und nicht der des eigentlichen Ladengründers) seither kurioserweise auf Engste mit Käse in Spitzenqualität verbunden werden. Das erste Siegel als offizieller Lieferant des Königshauses erhielt man 1850 unter Queen Victoria. Es besteht bis heute für den Haushalt der aktuell regierenden Königin.

204 **CHARBONNEL ET WALKER**
AN DER ROYAL ARCADE
28 Old Bond St
W1S 4BT
Mayfair ⑥
+44 (0)20 7318 2075
*charbonnel.co.uk*

Charbonnel et Walker, eines der ersten Schokoladenfachgeschäfte Großbritanniens, wurde 1875 als Gemeinschaftsunternehmen für den Verkauf süßer Leckereien von der Britin Mrs. Minnie Walker und der Französin Madame Charbonnel gegründet, die ihr Handwerk im Maison Boissier in Paris gelernt hatte. Schokolade und Pralinen werden noch immer nach traditionellen Rezepten der Originalfirma hergestellt und – direkt am Eingang zur Royal Arcade – in wunderschönen Schachteln im alten Stil verpackt.

205 **BERRY BROS. & RUDD**

3 St James's St
SW1Y 5HZ
St James's ⑤
+44 (0)20 7022 8973
*bbr.com*

In der ursprünglichen Niederlassung (3 St James's Street) logieren seit 1698 Berry Bros. & Rudd, als ältestes Wein- und Spirituosen-Handelsunternehmen Großbritanniens (und Hoflieferant des Königshauses). Der Laden selbst (heute unter Denkmalschutz) blieb seit dem 18. Jahrhundert mehr oder weniger unverändert und erinnert mit seiner schwarzen Fassade und gepflegten Schriftzügen in Gold, beflaggt mit einer Fahne, an längst vergangene Zeiten. Auch im Innern wird die Historie gegenwärtig, so stößt man auf eine große Waage zum Abwiegen von Kaffee, Tee und Ähnlichem für damalige Kunden (darunter, wie Aufzeichnungen belegen, auch Lord Byron und diverse Mitglieder des Königshauses). An der Wand informiert ein Brief der Reederei White Star Line vom 15. April 1912 über den Verlust von 69 Kisten Wein und Spirituosen beim Untergang der *Titanic*. Um qualitätvoll einzukaufen, begeben Sie sich am besten gleich um die Ecke in die jüngere Filiale (63 Pall Mall).

206 **TWININGS**

216 Strand
WC2R 1AP
Covent Garden ①
+44 (0)20 7353 3511

Ohne einen Besuch im ältesten Teegeschäft der Stadt kennt man London nicht wirklich. Gegründet wurde es kurz nach 1700 an diesem Ort von Thomas Twining, Teeliebhaber und Angestellter der East India Co. Seither fließt in dem kleinen Laden buchstäblich der Tee in Strömen. Begeben Sie sich auf die Spuren der Autorin Jane Austen, die in ihrem Tagebuch einen Besuch dieses Ladens erwähnt, und decken Sie sich dabei gleich mit offenem Tee ein (etwa einer Earl-Grey-Blattmischung?).

## 207 ALGERIAN COFFEE STORES

52 Old Compton St
W1D 4PB
Soho ①
+44 (0)20 7437 2480
*algerian coffeestores.com*

Koffeinfans sind ganz in ihrem Element in diesem netten Laden, der seit 1887 besteht und Kaffeemaschinen, Zubehör und natürlich auch über 80 Kaffeesorten für den perfekten Muntermacher führt. (Auch für Teeliebhaber ist gesorgt – mit einem Angebot von über 120 Sorten.) Im Inneren herrscht eine lebhafte, leicht chaotische Atmosphäre, angeheizt durch zahlreiche Espresso- und Kaffeesorten, die man entweder an Ort und Stelle trinken oder abgepackt mit nach Hause nehmen kann.

## 208 LINA STORES

18 Brewer St
W1F 0SH
Soho ①
+44 (0)20 7437 6482
*linastores.co.uk*

Wenn es um italienisches Essen geht, sind die Lina Stores unschlagbar (vier Filialen). Der grün geflieste Laden in Soho, Ecke Brewer Street und Green's Court, steht seit seiner Eröffnung 1944 für hochwertige Produkte wie Antipasti, frische Pasta, Brot und *Dolci* (darunter traumhafte gefüllte *Cannoli*). Wenn man schon einmal in der Gegend ist, lohnt sich auch ein Abstecher ins zugehörige kleine Restaurant, wenige Minuten entfernt nordöstlich (51 Greek Street), um sich einen Teller handgefertigte Pasta und ein Glas Rotwein zu genehmigen.

## 209 W. MARTYN

135 Muswell Hill Broadway
N10 3RS
North ⑭
+44 (0)20 8883 5642
*wmartyn.co.uk*

Das 1897 gegründete familiengeführte Lebensmittelfachgeschäft im Norden Londons – inzwischen unter der Ägide eines Urenkels des Firmengründers – bezaubert durch sein altmodisches Ambiente, seine Einrichtung hat sich in über 100 Jahren kaum verändert. In original-viktorianischen Regalen präsentiert es Tee, Kaffee, Kekse, Konfitüren, Chutneys und andere feine Lebensmittel für den Vorratsschrank. Blickfänger sind eine schöne alte Waage auf der Theke und die Röstmaschine für Kaffee im Schaufenster, die seit den 1950ern noch täglich in Betrieb ist.

*Alteingesessene*

# FACHGESCHÄFTE

## 210 JAMES SMITH & SONS

53 New Oxford St
WC1A 1BL
Holborn ①
+44 (0)20 7836 4731
*james-smith.co.uk*

Wer in London seinen Schirm vergessen hat, begibt sich am besten zu James Smith & Sons. Seit 1857 führt man dort hochwertige handgefertigte Regen- und Sonnenschirme sowie Spazierstöcke. Ebenso bemerkenswert ist die Inneneinrichtung samt originalen viktorianischen Ladenschildern. Manche davon stammen noch aus anderen Geschäften. Einst gab es sechs Filialen, nach deren Schließung man die gesamte Einrichtung hierher brachte.

## 211 JAMES J. FOX

19 St James's St
SW1A 1ES
St James's ⑤
+44 (0)20 7930 3787
*jjfox.co.uk*

Zigarren, Tabak und Raucherzubehör gibt es seit seiner Gründung 1787 durch Robert Lewis in diesem Geschäft, heute benannt nach der gleichnamigen, 1881 in Dublin etablierten Tabakmarke, die den Laden in den 1990ern unter Beibehaltung des Sortiments erwarb. Im Untergeschoss zeigt das *Freddie Fox Museum* u. a. Zigarren und Etuis von Winston Churchill, eine Glaspfeife aus dem Eröffnungsjahr und die angeblich älteste Kiste mit Havanna-Zigarren.

## 212 LOCK & CO.

6 St James's St
SW1A 1EF
St James's ⑤
+44 (0)20 7930 8874
*lockhatters.com*

Das wohl älteste Hutgeschäft der Welt (gegr. 1765), ein schmaler Laden in der St James's Street, verkauft feine und ausgefallene Kopfbedeckungen. Zu seinen prominenten Kunden zählten Admiral Lord Nelson, Oscar Wilde, Charlie Chaplin, Winston Churchill oder Jackie Kennedy. Auch wenn Hüte zunehmend aus der Mode kommen, wird an dem historischen Ort die Tradition weiter gepflegt.

James Smith
JAMES SMITH & SONS
Umbre
STAFF ONLY

## 213 L. CORNELISSEN & SON

**105 Great Russell St**
**WC1B 3RY**
**Clerkenwell ⑧**
**+44 (0)20 7636 1045**
***cornelissen.com***

Für hochwertigen Künstlerbedarf gibt es nur eine Anlaufstelle: Gegründet vom belgischen Lithografen Louis Cornelissen, der nach der Französischen Revolution von 1848 aus Paris nach London übersiedelte, gelten L. Cornelissen & Son seit 1861 als die Autorität in Sachen Pigmente, Farben und Papier und belieferten im Lauf der Jahre eine Reihe hochkarätiger Künstler. Das Geschäft, zuvor in der Great Queen Street angesiedelt, zog 1987 an seinen heutigen Standort in der Nähe des British Museum um. Schauen Sie vorbei, um die Bestände zu bewundern und vielleicht ein ledergebundenes Skizzenbuch zu erwerben oder ein Töpfchen traditioneller Tinte, hergestellt nach mittelalterlichen Rezepten.

## 214 FLORIS

**89 Jermyn St**
**SW1Y 6JH**
**St James's ⑤**
**+44 (0)33 0134 0180**
***florislondon.com***

Der Bilderbuchladen mit goldenem Schriftzug, Union-Jack-Fahne und royalem Wappen umfängt mit edlen Düften. Als einziger Parfümeur königlicher Hoflieferant, besteht er seit 1730 und wird bis heute von Nachkommen des Gründerpaars Juan Famenias und Elizabeth Floris geführt, die damals hier mit dem Verkauf von Parfüms, Kämmen, Zahnbürsten und Rasierprodukten begannen.

## 215 ASPREY

**36 Bruton St**
**W1J 6XY**
**Mayfair ⑥**
**+44 (0)20 7493 6767**
***asprey.com***

Der traditionsreiche Juwelier (gegr. 1781) steht für ein anspruchsvolles Sortiment (Schmuck, Silber, Uhren, Leder, Seidenschals). Sein ursprüngliches langjähriges Domizil in Mayfair (seit 1847; 167 New Bond Street) wurde anlässlich des 240-jährigen Bestehens aufgegeben. Der aktuelle Flagship-Store logiert heute in einem eleganten Eckgebäude im Queen-Anne-Stil in der Bruton Street, der Straße, in der Königin Elizabeth II. geboren wurde.

## 216 WALDEN CHYMIST

**65 Elizabeth St**
**SW1W 9PJ**
**Belgravia ⑤**
**+44 (0)20 7730 0080**

Bereits seit 1846 versorgt Walden Chymist das Viertel mit Toiletten- und Drogerieartikeln. Was das Geschäft vor allen anderen auszeichnet, ist sein historisches Schaufenster, vollgestopft mit Waren und ergänzt durch alte Ladenschilder, die seine lange Geschichte dokumentieren.

# BUCHLÄDEN
## *mit Patina*

217 **HATCHARDS**
187 Piccadilly
W1J 9LE
Piccadilly ⑤
+44 (0)20 7439 9921
*hatchards.co.uk*

Vier knarrende Etagen sind voll mit handverlesenen Büchern, die bei Hatchards ihrer Entdeckung harren. Die stimmungsvolle Buchhandlung, die älteste in London (und eine der ältesten des Landes), logiert seit über 200 Jahren in ihrem Domizil in Piccadilly mit Auszeichnungen als Lieferanten für den Hof. Und was gut genug ist für die Königin, sollte auch unseren Ansprüchen als Normalsterblichen genügen.

218 **DAUNT BOOKS MARYLEBONE**
83 Marylebone High St
W1U 4QW
Marylebone ⑥
+44 (0)20 7224 2295
*dauntbooks.co.uk/shops/marylebone*

Sicher ein heißer Kandidat auf einer Liste der weltweit stimmungsvollsten Buchläden, logiert diese Filiale einer Londoner Buchkette in einem Gebäude von 1910, das einst für das Antiquariat des Buchhändlers Francis Edwards errichtet wurde. Der heutige Betreiber zog zwar erst 1990 ein. Erhalten blieb danach zum Glück das elegante edwardianische Interieur mit langen Eichengalerien, Glasdach und schönen Buntglasfenstern. Wer sich hier mit Büchern eindeckt, verlässt den Laden mit dem typischen Logo auf der Einkaufstüte.

219 **HEYWOOD HILL**
10 Curzon St
W1J 5HH
Mayfair ⑥
+44 (0)20 7629 0647
*heywoodhill.com*

Nancy Mitford, Autorin von *The Pursuit of Love* (*Englische Liebschaften*) und *Love in a Cold Climate* (*Liebe unter kaltem Himmel*), arbeitete hier im Zweiten Weltkrieg, und wer sich für ihre unbeschwerten Romane interessiert, kann sie hier kaufen. Der 1936 von George Heywood eröffnete Laden auf zwei Etagen eines georgianischen Stadthauses bietet neue, alte und seltene Bücher an. Ein charmanter Ort für Bücherfans.

WRITING
WRITING

# *Quellen für* VINTAGE-MODE

220 **ROKIT**
225 Camden High St
NW1 7BU
North ⑭
+44 (0)20 7267 3046
*rokit.co.uk*

Dieser Secondhandladen begann 1986 als Stand auf dem Camden Market mit dem Verkauf gebrauchter amerikanischer Jeans. Dank der schier unerschöpflichen Nachfrage der Londoner nach alten Klamotten wurde daraus nur wenige Wochen später bereits ein fester Laden in der Camden High Street – wo man seit damals residiert. Inzwischen gibt es weitere Filialen in der Brick Lane (Nr. 101) und in Covent Garden, wo man sich immer wieder mit originaler Secondhandkleidung aus den 1950er- bis 1990er-Jahren eindecken kann.

221 **RETROMANIA**
6 Upper Tachbrook St
SW1V 1SH
Westminster ⑤
+44 (0)20 7630 7406
*faracharityshops.org*

In Retromania, Außenposten der Charity-Shop-Kette Fara, der sich ausschließlich dem Verkauf von Secondhand-Klamotten verschrieben hat, kann man sich im Geschmack verschiedener Epochen eindecken. Man findet eine gut präsentierte farbenfrohe Auswahl an gesuchten Stilen, vom Designer-Seidenschal bis hin zu psychedelischen Minikleidern oder perlenbesetzten Partyfummeln. Auch ein toller Fundort für Accessoires im Retro-Stil: Schuhe, Taschen – und sogar alte Schallplatten.

## 222 HOUSE OF VINTAGE

4 Cheshire St
E2 6EH
Shoreditch ⑨
+44 (0)20 7739 8142
*houseofvintageuk.com*

Schauen Sie in einem der beiden East Londoner Läden von House of Vintage vorbei (der zweite liegt nahe der Hackney Central Station, 28 Amherst Road), um sich mit altmodischen Klamotten einzudecken. Man verkauft dort hochwertige Kleidungsstücke von den 1900er- bis in die 1970er-Jahre, den Großteil der Kleiderständer nehmen dabei Artikel aus den 1940er-, 1950er- und 1960er-Jahren ein, neben Kleidern aus den 1970ern, T-Shirts mit Aufdrucken, weichen Sweatshirts und Ständern voller Jeans. Eine stylishe Gelegenheit, in Bezug auf Nachhaltigkeit Pluspunkte zu erwerben.

## 223 PAPER DRESS VINTAGE

352a Mare St
E8 1HR
Hackney ⑩
+44 (0)20 8510 0520
*paperdressvintage.co.uk*

Bei Paper Dress Vintage, das man hier im Londoner Osten seit 2007 kennt, findet man die Kleiderständer voll mit tragbaren Secondhand-Klamotten in sämtlichen Farben des Regenbogens. Stöbern Sie lustvoll durch das Sortiment aus ausgewählter Damen- und Herrenkleidung, Schuhen und Accessoires vom frühen 20. Jahrhundert bis in die 1980er-Jahre. Ein ladeneigener Schneiderdienst hilft dabei, wenn nötig, das vorgetragene Lieblingsstück perfekt an die Figur der neuen Träger anzupassen. Für alle, die nach langem Stöbern eine Pause brauchen, gibt es auch ein *Café*, und nachts verwandelt sich der Laden in eine lebhafte *Bar* und Livemusik-Location.

# Fundstellen für ANTIQUITÄTEN

224 **BRICK LANE MARKET**
Brick Lane
E1 6QL
Shoreditch ⑨

Hierher pilgern die Londoner gern am Sonntagmorgen. Denn dann sind die Straßen gesäumt von Ständen voll mit Secondhand-Schätzen. In bester Flohmarktatmosphäre findet man hier manches, von echt antiken Möbeln bis zu alten Schildern, feinem Teeporzellan oder antiquarischen Büchern. Nehmen Sie sich also ausreichend Zeit für die Schnäppchensuche.

225 **THE OLD CINEMA**
160 Chiswick High Rd
W4 1PR
West ⑬
+44 (0)20 8995 4166
*theoldcinema.co.uk*

Schon von Weitem erkennt man das ehemalige Filmtheater (Anfang 20. Jahrhundert), erst beim Näherkommen seinen heutigen Zweck: ein florierender Laden für Gebrauchtwaren aller Art, der sich unter der Devise »Antique. Vintage. Retro« mit faszinierenden Fundstücken an der Chiswick High Road erstreckt. Stöbern Sie in kleinen Schränken nach Schmuckteilen, viktorianischen Briefständern oder edlem Glas – oder auch größeren Objekten wie einem Schreibtisch oder Mid-Century-Ledersessel, Art-déco-Eiskübel oder Lagerschrank im Industrial Style.

226 **ALFIES ANTIQUE MARKET**
13–25 Church St
NW8 8DT
Marylebone ⑥
+44 (0)20 7723 6066
*alfiesantiques.com*

In einem vierstöckigen Gebäude im Art-déco-Stil logiert Londons größter Indoor-Antiquitäten- und Vintage-Markt, eine Art Kaufhaus mit etwa 100 Einzelhändlern, die hier Retro-Möbel, Kleidung, Haushaltswaren und allerlei Trödel verkaufen, seit seiner Eröffnung 1976 brummend von Antiquitätenjägern. Wem das nicht reicht, der findet in der Umgebung weitere Antiquitätenläden, manche geführt von Händlern, die selbst einmal unter dem Dach des Marktes angefangen hatten.

225 **THE OLD CINEMA**

227 **PORTOBELLO ROAD MARKET**
Portobello Rd
W11 3DB
West ⑬
*visitportobello.com*

Ob antiquarische Bücher, Bananen, karibisches Streetfood oder billige Nachthemden – buchstäblich alles erhält man auf dem Portobello Road Market (geöffnet täglich außer sonntags). Wer auf der Suche nach Antiquitäten ist, kommt am besten freitags oder, noch besser, am Haupthandelstag, dem Samstag, wo man das größte und beste Angebot findet. Am Südende der Portobello Road konzentrieren sich die Antiquitätenhändler und Passagen mit ihrer vielfältigen Auswahl an antikem Silber, Glas, Schmuck und Kleinmöbeln. Kommen Sie früh (vor 11.30 Uhr), wenn Sie Menschenmassen vermeiden möchten.

228 **GRAYS**
58 Davies St
W1K 5LP
Mayfair ⑥
+44 (0)20 7629 7034
*graysantiques.com*

In einem denkmalgeschützten edwardianischen Gebäude aus dem 19. Jahrhundert findet man Grays (Antiques), ein Zentrum für Kunst und Antiquitäten, das in den 1970er-Jahren gegründet wurde. Auf zwei Stockwerken verkaufen die Händler edlen Schmuck, Sammlerstücke aller Art und eine breite Auswahl an Antiquitäten. Ein großartiger Ort für Interessierte, die einen fachmännischen Rat oder etwas ganz Bestimmtes suchen.

229 **WOOD STREET INDOOR MARKET**
98–100 Wood St
E17 3HX
Walthamstow ⑪
*woodstreetindoormarket.co.uk*

Hinter der kleinen roten Hausfassade drängen sich 30 Händler in gemütlichen kleinen Verkaufseinheiten. Die überdachte Passage, die sich in Hufeisenform erstreckt, diente bis zu dessen Schließung 1955 als Crown Cinema. Hier findet man neben vielem anderem altmodische Süßigkeiten, Schmuck, altes Spielzeug, Kleidung, Vinylplatten oder Gebrauchtkeramik (geöffnet Dienstag bis Samstag und am 1. Sonntag des Monats).

# *Historische*
# PASSAGEN

230 **THE ROYAL ARCADE**
28 Old Bond St
W1S 4DR
Mayfair ⑥
*royalarcade.london*

In Mayfair und Piccadilly gibt es eine Reihe gut erhaltener, eleganter Einkaufspassagen (*Arcades*) aus dem 19. Jahrhundert. Buchstäblich die ersten »Shoppingcenter« Londons, auch wenn man das Flanieren durch diese raffinierten überdachten Fußgängerwege nicht im Geringsten mit heutigen riesigen anonymen Malls vergleichen kann. An Uhren- und Schmuckanbietern oder dem Chocolatier Charbonnel et Walker (im 145 Jahre alten Traditionsgeschäft) sieht man hier auf charmante Weise, wofür man schon in viktorianischen Zeiten gerne sein Geld ausgab. Besonders prächtig: das Glasdach oder die verzierten Säulen und Bögen hoch über den Ladenfronten.

230 THE ROYAL ARCADE

231 **BURLINGTON ARCADE**
**51 Piccadilly**
**W1J 0QJ**
**Mayfair** ⑥
***burlingtonarcade.com***

Wenn Sie beim Flanieren durch die Passage den *Beadles* begegnen – dem privatem Wachdienst aus älteren Herren in Frack und Zylinder –, wird schnell klar, wie exklusiv die Geschäfte hier in der Burlington Arcade sind. Blumige Parfüms und der Duft nach weichem Leder umwehen sie auf ganzer Länge, und Shops teurer Designer säumen sie im Inneren. Seit 1819 bereits besteht die Burlington Arcade, und man kann noch heute, wie zu viktorianischer Zeit üblich, seine Schuhe auf Hochglanz polieren lassen, während man sich dort aufhält.

232 **PICCADILLY ARCADE**
**Piccadilly**
**SW1Y 6NH**
**Piccadilly** ⑤
***piccadilly-arcade.com***

Achten Sie auf die schön geschwungenen Ladenfronten und die diffizil gestalteten runden Lichtdome in der geschwungenen Decke der Piccadilly Arcade, die zwischen Piccadilly und Jermyn Street verläuft. In dieser wunderschönen Passage im edwardianischen Stil, eröffnet 1909, logieren neben jüngeren Luxuslabels auch zahlreiche Traditionsgeschäfte wie Schuhmacher, Juweliere, Schneider und Herrenausstatter.

233 **BRIXTON VILLAGE, RELIANCE ARCADE & MARKET ROW**
IN BRIXTON VILLAGE
**Coldharbour Lane**
**SW9 8PS**
**South** ⑫
***wearebrixton village.co.uk***

Die überdachten Marktarkaden von Brixton im Süden Londons unterscheiden sich fundamental von den stillen Einkaufspassagen in der City. Errichtet zwischen 1925 und 1938, brummen ihre Gänge, sind voll von pulsierendem Leben – achten Sie auf den »ägyptischen« Osteingang der *Reliance Arcade* (zur Electric Lane) und deren farbige Bemalung. Die Markthallen entwickelten sich zum Zentrum der *Windrush Community*, Einwanderern aus den Common-Wealth-Staaten, die sich nach dem Zweiten Weltkrieg hier niederließen, karibische Küche, Kultur und Mode mitbrachten und nach und nach das Viertel und London als Ganzes prägten. Heute bekommt man hier so gut wie alles: ob westafrikanische Stoffe als Meterware, einen Espresso oder frischen Fisch.

*Faszinierende*

# EINKAUFSSTRASSEN

234 **CECIL COURT**
**WC2N 4EZ**
**Covent Garden** ①
***cecilcourt.co.uk***

Der antiquierte Durchgang an der Charing Cross Road gilt als Inspirationsquelle für die geheime Winkelgasse der Harry-Potter-Romane – was man auch ohne magische Fähigkeiten versteht. Cecil Court wurde im 17. Jahrhundert angelegt, eine Zeitreise in den Einzelhandel, gesäumt von unabhängigen Läden für Münzen, Silber, Briefmarken, alte Landkarten oder Bücher. Bei Watkins Books etwa, spezialisiert auf Esoterik, erhält man spirituelle Ratgeber, Kristalle, Talismane oder Tarotkarten (*watkinsbooks.com*).

235 **CAMDEN PASSAGE**
**N1 8EA**
**Islington** ⑧
***camdenpassageislington.co.uk***

Die malerische Fußgängerstraße im Einkaufsviertel Angel ist geprägt durch Antiquitäten-, Secondhand- und Indie-Läden, Straßencafés und kleine Open-Air-Märkte. Wer abseits der hektischen Upper Street darauf stößt, möchte sie wie ein Geheimnis am liebsten für sich behalten. Annie's führt tolle Secondhand-Kleider, Petticoats und Seidenschlipse. Oder biegen sie hinter der Passage in die *Pierpont Arcade* ein, um nach antiquarischen Romanen oder Schmuck zu stöbern.

236 **LEADENHALL MARKET**
**Gracechurch St**
**EC3V 1LT**
**City of London** ②
***leadenhallmarket.co.uk***

Der wunderschöne, denkmalgeschützte Markt steht seit 1881 an der Stelle einer römischen Basilika, doch schon vor dem Großen Brand 1666 wurden hier Fleisch, Fisch und Käse verkauft. Mit seinem Glasdach, Originalpflaster und der prächtigen Architektur ein attraktiver Ort, besonders wenn im Winter kleine Tannen und Lichterketten die miteinander verbundenen Ladenstraßen schmücken. In den viktorianischen Ladenlokalen logieren luxuriöse Geschäfte und Restaurants.

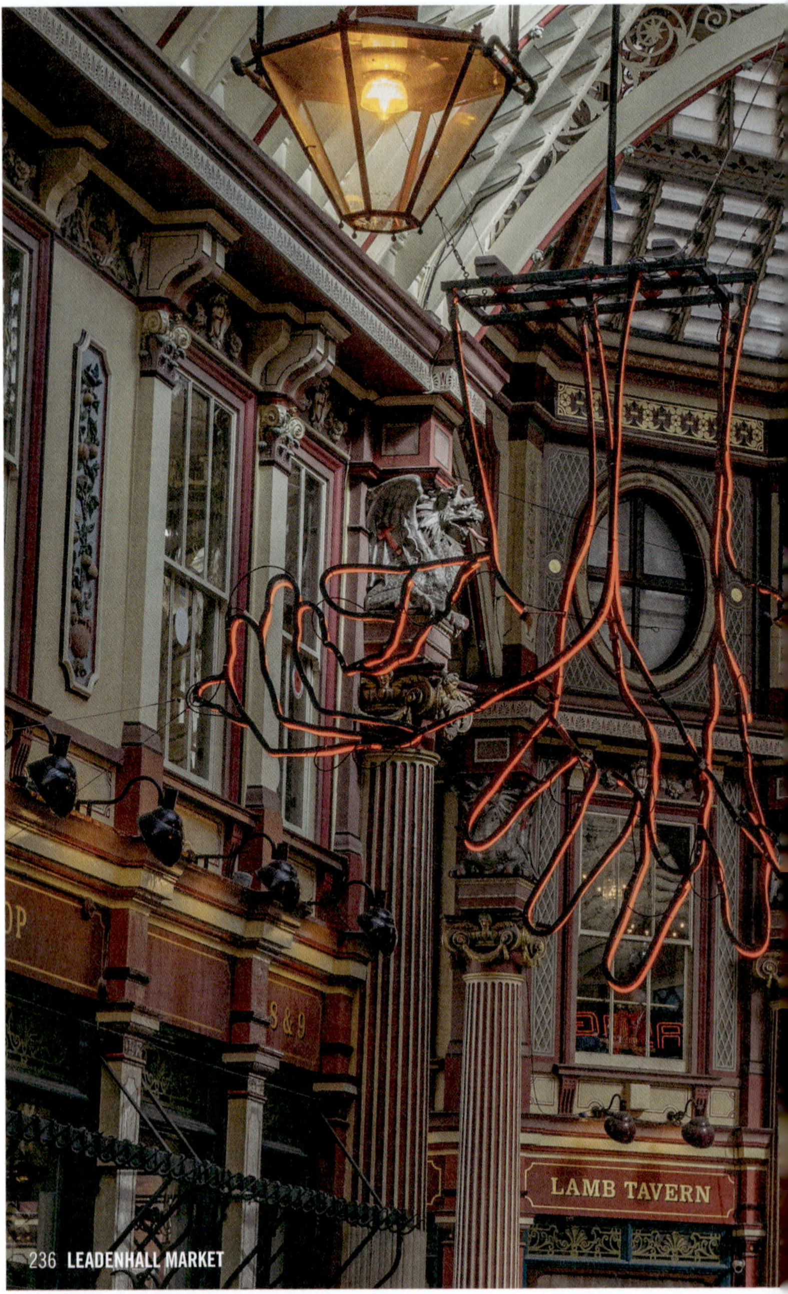
8 & 9
LAMB TAVERN

LEADENHALL
TAVERN
EST.1780
OSTERIA DEL MERCATO
13
LEON

## 237 CARNABY STREET

W1F 9PS
Soho ①
*carnaby.co.uk*

Einst als heißeste Einkaufsmeile in der City legendär, geriet auch die Carnaby Street inzwischen zum Sammelsurium unabhängiger Marken, kreativer Ketten und trendiger Restaurants. Nur wenig südlich von der hektischen Oxford Street gelegen, war sie einst Geburtsort der »Swinging Sixties«, wo man Jimi Hendrix, den Beatles oder den Rolling Stones begegnen konnte, und später Treffpunkt für Gruppen der Subkultur wie Rocker, Mods, Punks und Skinheads.

## 238 KING'S ROAD

SW3 5ES
Chelsea ④
*kingsroadlondon.com*

Ihren Namen erhielt die King's Road, die sich mitten durch Chelsea zieht, weil sie früher als privater Weg von König Charles (Karl) II. zu seinem Anwesen und Park in Kew diente. Jahrhunderte später entwickelte sich die »Königsstraße« zum Zentrum der Kultur und kreativen Szene. Designerin Mary Quant, Erfinderin der Miniröcke, eröffnete 1955 dort einen Shop, und Vivienne Westwood betrieb in den 1970ern ihren Laden »Sex«, der zum Treff- und Ausgangspunkt des Punk wurde. Die Gegend verlor inzwischen stark an Schärfe und Exzentrik, nachdem es eine Zeit gegeben hatte, in der es als Gipfel der Coolness galt, hier über den Bürgersteig zu schlendern.

## 239 SAVILE ROW

W1S 2ER
Mayfair ⑥

Seit Beginn des 19. Jahrhunderts ist die Savile Row Heimat britischen Maßschneiderhandwerks, und noch heute wird sie gesäumt von Läden, die betuchte Kunden mit feinsten Maßanzügen ausstatten. Prinz Charles etwa erwirbt die seinen bei Anderson & Sheppard, seit 1906 in der Gegend ansässig (in einer Seitenstraße). An der Row findet man weitere historische Unternehmen wie Norton & Sons (Nr. 16), die das Königshaus und drei US-Präsidenten zu ihren Kunden zählten, Davies & Son (Nr. 38), gegründet 1803, oder das familiengeführte Unternehmen Dege & Skinner, das 1865 an der Row eröffnete (Nr. 10).

# KAUFHÄUSER
## *mit legendärem Ruf*

240 **FORTNUM & MASON**
181 Piccadilly
W1A 1ER
Piccadilly ⑤
+44 (0)20 7734 8040
*fortnumandmason.com*

Das Kaufhaus für hochwertige Lebensmittel und Gehobenes für den Haushalt lockt seit 1707 Kaufwillige nach 181 Piccadilly. Wer das mehrstöckige Gebäude betritt, realisiert sofort dessen Besonderheit – ein Vordach in der charakteristischen grün-blauen Firmenfarbe (*eau de nil*), rote Teppichböden, das grandiose, schneckenförmige Treppenhaus und ein elegantes, kreisrundes Atrium. Berühmt wurde man hier durch luxuriöse, oft exotische Lebensmittel – so erfand man den Snack *Scotch Eggs* (frittierte, hart gekochte Eier im Wurstbrät), führte erstmals *Baked Beans* nach England ein und gewann auf der Londoner Industrieausstellung 1851 den ersten Preis als Importeur von Trockenfrüchten und Dessertwaren. Ein toller Ort, um sich frisch zum Verzehr mit Delikatessen einzudecken – wie Reisende, Entdecker und Picknickfreunde des 18. Jahrhunderts, die die ikonischen F&M-Flechtkörbe randvoll mit Tee, Keksen, Konfitüren oder feinen Konserven packten.

241 **HARRODS**
87–135 Brompton Rd
SW1X 7XL
Kensington ④
+44 (0)20 7730 1234
*harrods.com*

Einer der heute prestigeträchtigsten Konsumtempel der Stadt mit Waren und Designprodukten aus dem Hochpreissortiment wurde 1835 als bescheidener Lebensmittelladen gegründet. Die prächtige eklektizistische Fassade entstand um die Jahrhundertwende, etwa zur selben Zeit installierte man auch im Innern die erste Rolltreppe des Landes. Kaum vorstellbar, doch damals wartete oben ein Bediensteter, um jedem Kunden, der von dieser neumodischen Erfahrung erschüttert war, einen Brandy anzubieten.

## 242 SELFRIDGES

400 Oxford St
W1A 1AB
Marylebone ⑥
+44 (0)20 7160 6222
*selfridges.com*

Die Tore zum Londoner Stammhaus dieser Kaufhauskette stieß 1909 der amerikanische Kaufmann Harry Selfridge auf. Sein riesiges Geschäft nach dem Vorbild amerikanischer Superstores sollte das erste Kaufhaus seiner Art in England sein, mit 130 Abteilungen, erfindungsreichen Schaufensterauslagen und einem inspirierenden, theaterartigen Ambiente. Manches von seiner Vision hatte Bestand bis heute, und so bleibt ein Einkauf hier noch immer ein einzigartiges Erlebnis. Hinter der hundert Jahre alten Fassade blieb das betriebsame Haus über die Jahrzehnte innovativ, arbeitet mit Künstlern zusammen, bietet Raum für Pop-up-Aktionen. Heute findet man in dem Gebäude Kino, Piercingstudio und sogar zwei Hellseherinnen (»Psychic Sisters«) für Kunden, die spirituellen Beistand benötigen.

243 LIBERTY LONDON

## 243 LIBERTY LONDON

Regent St
W1B 5AH
Soho ①
+44 (0)20 3893 3062
*libertylondon.com*

Der heutige markante Bau des Kaufhauses Liberty im Tudorstil entstand in den 1920er-Jahren aus dem Holz zweier alter Kriegsschiffe, nachdem es in seinem Ursprungsgebäude bereits fast ein halbes Jahrhundert ein anspruchsvolles Warensortiment aus ungewöhnlichen und exotischen Stoffen sowie Kunsthandwerk aus Fernost verkauft hatte. Weiterhin kreativ und künstlerisch anspruchsvoll, begeistert das Haus bis heute seine Kunden durch eine anspruchsvolle Auswahl an Einrichtungsgegenständen, Mode und Kosmetik. Werfen Sie unbedingt einen Blick in das repräsentative, balkengesäumte Atrium im Zentrum.

## 244 HARVEY NICHOLS

109–125 Knightsbridge
SW1X 7RJ
Belgravia ⑤
+44 (0)20 7235 5000
*harveynichols.com*

Das glamouröse Kaufhaus, eröffnet 1831 als Wäscheladen in einem Reihenhaus Ecke Knightsbridge/Sloane Street, expandierte immer weiter, bis man den ganzen Block zwischen Seville und Sloane Street einnahm. Die alten Gebäude wurden abgerissen, und 1894 entstand an deren Stelle der repräsentative, speziell für diesen Standort konzipierte Bau, wo man noch heute topaktuelle Mode- und Luxusmarken einkauft.

## 245 HAMLEYS

188–196 Regent St
W1B 5BT
Soho ①
+44 (0)37 1704 1977
*hamleys.com*

Das hier verkaufte Spielzeug veränderte sich im Lauf der Zeit, doch seinen Grundsätzen blieb Hemleys treu. Mit dem Verkauf von Holzspielzeug und Stoffpuppen war das 1760 als »Noah's Ark« eröffnete Geschäft so erfolgreich, dass man weiter expandierte und 1881 das siebenstöckige Geschäft in der Regent Street bezog. Durch die historischen Türen des weltweit ältesten und größten Spielwarengeschäfts betreten es täglich (nicht nur) Kinder mit großen Augen.

# ESSEN & TRINKEN

*Alteingesessene* **BÄCKEREIEN** 192

*Klassische Lokale für* **FISH & CHIPS** 195

*Traditionelle* **TEAROOMS** 197

*Vintage* **CAFÉS** *und* **COFFEE SHOPS** 201

**RETRO**-*Restaurants* 205

*Lebendige Shops für* **PIE & MASH** 209

*Die* **ÄLTESTEN LOKALE** *Londons* 211

**GEHOBENE KÜCHE** *in schönem Ambiente* 217

# *Alteingesessene* BÄCKEREIEN

246 **PAUL ROTHE & SON**
**35 Marylebone Lane**
**W1U 2NN**
**Marylebone ⑥**
**+44 (0)20 7935 6783**

Die gut gefüllten Regale mit traditionellen Marmeladen, Konfitüren und Chutneys in diesem charmanten altmodischen Geschäft vermitteln den Eindruck einer riesigen, köstlichen Speisekammer. Betrieben wird der Sandwich-Laden schon seit 1900 von mehreren Generationen der Familie Rothe, hübsch anzusehen, aber Stil ist ja bekanntlich nicht alles. Probieren Sie ein Sandwich (das mit diversen Füllungen angeboten wird), und sehen Sie zu wie es vor Ihnen frisch zubereitet wird. Dann verzehren Sie es an einem der original erhaltenen Mid-Century-Resopal-Tische.

247 **MAISON BERTAUX**
**28 Greek St**
**W1D 5DQ**
**Soho ①**
**+44 (0)20 7437 6007**
***maisonbertaux.com***

Über zwei Etagen eines Stadthauses in Soho erstreckt sich die kunterbunte Maison Bertaux, französische Patisserie, Café und Tearoom in einem, weitere Tischchen verteilen sich unter blau-weiß gestreifter Markise auf dem Bürgersteig davor. Der Service wirkt manchmal etwas chaotisch, aber gerade das ist Teil des Charmes. Seit Monsieur Bertaux 1871 nach London kam, um seine französischen Rezepte mit dessen Bürgern zu teilen, serviert man hier großzügige Tortenstücke, reiche Sahneschnitten und wunderhübsche Petits Fours.

PAUL ROTHE & SON
WICHES A SPECIALITY
HOT SOUP
Est. 1900
British Manuka

### 248 RINKOFF BAKERY

**224 Jubilee St**
**E1 3BS**
**East ⑪**
**+44 (0)20 7790 1050**
***rinkoffbakery.co.uk***

Die traditionelle East-End-Bäckerei wird seit über hundert Jahren von derselben Familie geführt. Gegründet wurde sie 1911 von dem jüdischen Bäcker Hyman Rinkoff, der von Kiew nach London emigrierte, um hier einen eigenen Laden aufzubauen. Bis heute verkauft man traditionelle Gebäcksorten wie *Challa*-Brot (eine Art Hefezopf), *Babka* (süßer Hefekuchen) und Brötchen, neben moderneren Kreationen wie Regenbogen-Bagels oder *Crodoughs* (eine Mischform aus Croissant und Doughnut). Ganz in der Nähe betreibt man auch ein Deli (79 Vallance Road).

### 249 DUNNS BAKERY

**6 The Broadway**
**N8 9SN**
**North ⑭**
**+44 (0)20 8340 1614**
***dunns-bakery.co.uk***

Die äußerst populäre Dunns Bakery in Crouch End ist seit den 1820-Jahren in Familienbesitz, als Robert Freeman in Highgate einen Laden eröffnete. Im heutigen Geschäft, geführt von Lewis Freeman in sechster Generation, bäckt man seit 1850 Brot, Kuchen und andere süße Verführungen. Die blauen Holztüren rechts vom Schaufenster wurden einst von einem Pferde-Lieferwagen benutzt.

### 250 BRICK LANE: BAGEL SHOPS

**E1 6SB**
**Shoreditch ⑨**

Wer in London Lust auf einen Bagel hat, sollte einen Abstecher in die Brick Lane machen. Lieber in den gelben oder in den weißen Laden gehen? Die Entscheidung ist wahrlich nicht einfach. Praktisch Tür an Tür servieren beide Läden leckere gekochte und gebackene Bagels, gefüllt mit Frischkäse oder dicken Scheiben Salt Beef mit Senf, zu Schnäppchenpreisen. Und das 24 Stunden am Tag. *Bagel Shop* bereits seit 1855 und *Bagel Bake* mit seit 1974 unveränderten Rezepten.

## *Klassische Lokale für*
# FISH & CHIPS

251 **ROCK & SOLE PLAICE**
**47 Endell St**
**WC2H 9AJ**
**Covent Garden** ①
**+44 (0)20 7836 3785**
***rockandsoleplaice.com***

Sein heutiger wortspielerischer Name stammt aus den 1970ern, doch eröffnete Rock & Sole Plaice schon 1871 als Lokal, das örtlichen Marktarbeitern Fish and Chips servierte. Es war damals erst der dritte Treffpunkt, wo das später als »inoffizielles britisches Nationalgericht« legendäre Essen über die Theke ging. Probieren sie den Klassiker oder einige der neueren Ergänzungen auf der Speisekarte, manches auch für Vegetarier wie knusprig überbackener Camembert mit Pommes.

252 **THE GOLDEN HIND**
**71A–73 Marylebone Lane**
**W1U 2PN**
**Marylebone** ⑥
**+44 (0)20 7486 3644**
***goldenhind restaurant.com***

Das traditionelle Fish-and-Chips-Lokal (seit 1914) zählt sicherlich zu den besten Londons, das die Klassiker in angenehm großzügigen Portionen serviert. Wer etwas Leichteres vorzieht, erhält den Fisch auf Wunsch gedämpft statt frittiert im Teigmantel. Lohnend sind auch die Desserts wie Rhabarber*Crumble*, *Spotted Dick* (gebackener Pudding aus Rindernierenfett und Trockenfrüchten) oder *Treacle Syrup Sponge* (Pudding mit Rübensirup und Vanillesauce).

253 **THE FRYER'S DELIGHT**
**19 Theobalds Rd**
**WC1X 8SL**
**Bloomsbury** ⑦
**+44 (0)20 7405 4114**

Das einfache Fish-and-Chips-Lokal (»Die Freude der Fritteusen«) besteht seit 1958, und wer sich im Inneren umsieht – mit Retro-Einrichtung und alten Schildern – hegt daran keinen Zweifel. Es hat sich offensichtlich seither kaum verändert und serviert im unprätentiösen Ambiente noch immer eher schlichte Kost – Pasteten, panierten Kabeljau, Erbsenpüree oder eingelegte Gürkchen.

# *Traditionelle*
# TEAROOMS

254 **PALM COURT**
IM THE RITZ
**150 Piccadilly**
**W1J 9BR**
**St James's ⑤**
**+44 (0)20 7300 2345**
***theritzlondon.com***

Kaum etwas entspricht eher britischen Gepflogenheiten als der traditionelle *Afternoon Tea* am Nachmittag. Als komplette Mahlzeit, in der Regel serviert auf einer Etagere, wurde er wohl Mitte des 19. Jahrhunderts von einer Herzogin kreiert, die die Nase voll hatte von der langen Wartezeit zwischen Mittags- und Abendessen. Und es gibt kaum einen spektakuläreren Ort dafür als das Londoner Hotel The Ritz. Verbunden mit einem »lässigen« Dresscode, ist der *Traditional Afternoon Tea* eine Schlemmerei mit ausgewählten Köstlichkeiten, im Ambiente von Spiegelwänden, Palmen und feinen Blumenarrangements, begleitet von einem Live-Pianisten (nur nach Voranmeldung).

255 **THE GARDEN CAFÉ**
IM V&A
**Cromwell Rd**
**SW7 2RL**
**Kensington ④**
**+44 (0)20 7942 2000**
***vam.ac.uk***

Nach einer anstrengenden Runde durch die umfangreichen Sammlungen des *Victoria & Albert Museum* gibt es keinen besseren Ort sich zu erholen als das museumseigene Café. 1856 eröffnet, war es das erste Museumsrestaurant der Welt, das erschöpften Besuchern Tee, Sandwiches und warme Mahlzeiten servierte. Noch heute ein großartiger Ort, um aufzutanken – bei einer Kanne Earl Grey und einem großen Stück Biskuitkuchen im edlen Ambiente des repräsentativen, lichten *Gamble Room* mit feinen Kacheln, kühner Bogenkonstruktion und Keramikdecke (eröffnet 1868). Einen der Nebenräume (*Morris Room*) stattete der junge William Morris mit frühen Entwürfen aus (*Afternoon Tea* im viktorianischen Stil jeweils am Freitag; nur nach Voranmeldung).

256 **PALM COURT**
IM THE LANGHAM
**1C Portland Place**
**W1B 1JA**
**Marylebone ⑥**
**+44 (0)20 7636 1000**
***palm-court.co.uk***

Charles Dickens und Sir Arthur Conan Doyle waren bekanntlich Anhänger des Hotels, das angeblich seinen Gästen als erstes einen »Nachmittagstee« anbot. Egal, ob richtig oder falsch, auf jeden Fall ist das The Langham diesbezüglich eine Instanz, denn bereits seit 1865 serviert man hier im eleganten »Palmenhof« traditionellen *Afternoon Tea* – mit leckeren Sandwiches, feinem Kuchen und Gebäck.

257 **THE FOYER & READING ROOM**
IM CLARIDGE'S
**Brook St**
**W1K 4HR**
**Mayfair ⑥**
**+44 (0)20 7107 8886**
***claridges.co.uk***

Großzügige Proportionen, vergoldete Säulen und Art-déco-Spiegel – seit den 1930ern beeindruckt das traditionsreiche Fünf-Sterne-Haus im Foyer & Reading Room Gäste und Besucher. Wer beim *Afternoon Tea* zu winzigen Sandwiches, Früchte-*Scones* mit *Clotted Cream* (dickem Rahmaufstrich) und feiner Patisserie eine der eigenen Teemischungen des Hauses aus edlem Porzellan geschlürft hat, kommt draußen auf der Straße nur mit großer Mühe wieder im 21. Jahrhundert an.

258 **THE DIAMOND JUBILEE TEA SALON**
BEI FORTNUM & MASON
**181 Piccadilly**
**W1A 1ER**
**Piccadilly ⑤**
**+44 (0)20 7734 8040**
***fortnumandmason.com/afternoon-tea***

Im Teesalon auf der obersten Etage des entzückenden Ladens brüht man seit den 1920ern feinste Mischungen. Anlässlich des diamantenen Thronjubiläums von Queen Elizabeth (2012) wurde er elegant neu gestaltet und umbenannt. Eine gute Gelegenheit, an Ort und Stelle eine der über fünfzig hauseigenen Teesorten zu probieren, wählen Sie den *Afternoon Tea* süß oder herzhaft – etwa mit den hier erfundenen *Scotch Eggs* (frittierten hart gekochten Eiern im Wurstbrät)?

259 **OSCAR WILDE LOUNGE**
IM HOTEL CAFÉ ROYAL
**68 Regent St**
**W1B 4DY**
**Soho ①**
**+44 (0)20 7406 3310**
***hotelcaferoyal.com***

Der *Afternoon Tea* wird im Hotel Café Royal in einem prächtigen Spiegelsaal von 1865 serviert, benannt nach einem seiner berühmtesten historischen Besucher. Hier gaben sich neben dem Schriftsteller Oscar Wilde selbst zahlreiche Prominente buchstäblich die Klinke in die Hand – darunter David Bowie, Mick Jagger, die Beatles oder Elizabeth Taylor. Der *Afternoon Tea* folgt hier traditionellen Regeln – daneben gibt es allerlei innovative Abwandlungen.

# *Vintage* CAFÉS *und* COFFEE SHOPS

260 **E. PELLICCI**
**332 Bethnal Green Rd**
**E2 0AG**
**East ⑪**
**+44 (0)20 7739 4873**
***epellicci.co.uk***

Das klassische Café im East End serviert seit 1900 britische und italienische Gerichte, gegrillte Sandwiches, Pasta und Herzhaftes zu Mittag – neben diversen Frühstücksangeboten, darunter das legendäre, ganztägig servierte *Full English* (mit Ei, Wurst und Bacon). Einen Blick wert sind die schöne Ladenfront und das Interieur mit Holzvertäfelung im Art-déco-Stil aus der Zeit nach dem Zweiten Weltkrieg, das heute Denkmalschutz genießt.

261 **BAR ITALIA**
**22 Frith St**
**W1D 4RF**
**Soho ①**
**+44 (0)20 7437 4520**
***baritaliasoho.co.uk***

Dieses klassische kleine italienische Café, eröffnet 1949, serviert von 7 Uhr bis 5 Uhr früh Kaffee, Gebäck, Snacks und Cocktails. Vieles seiner ursprünglichen Einrichtung hat sich erhalten wie die rot-weiß gestreifte Resopal-Theke. Schnell wurde es zum Treffpunkt der italienischen Gemeinde und zu einer Institution in Soho, wo viele Bewohner des Viertels, darunter manche Promis, zu den Stammgästen zählen.

262 **REGENCY CAFE**
**17–19 Regency St**
**SW1P 4BY**
**Westminster ⑤**
**+44 (0)20 7821 6596**
***regencycafe.has.restaurant***

In dem beliebten, günstigen Café, das seit 1946 ein preiswertes Frühstück und andere altmodische typisch englische Gerichte serviert, wird man auf einen Schlag zurück in die 1940er-Jahre katapultiert. Ein Retro-Ecklokal mit auffälliger schwarzer Straßenfront und Halbgardinen vor den Schaufenstern. Auch das Innere wirkt über die Jahrzehnte unverändert, weshalb es zum Magneten für Filmemacher wurde.

LEASE
FOR SALE
G
GREENLANDS
COMMERCIAL
0207 739 0494
Applianc
EADING BRANDS
indesit
BOSCH
www.idaonline.co.uk
SPARES
330
SWEET &
TEA . COFFEE . SANDW

PELLICCI
PELLICCI
PELLICCI'S

## 263 THE ORIGINAL MAIDS OF HONOUR

**288 Kew Rd**
**TW9 3DU**
**West ⑬**
**+44 (0)20 8940 2752**
***theoriginalmaids ofhonour.co.uk***

Benannt nach den legendären *Maids of Honour Tarts* (Mürbeteig-Tarteletts mit Mandelfüllung), die Henry (Heinrich) VIII. angeblich besonders liebte, geht dieses Traditionscafé etwas außerhalb von Kew Gardens in seinen Wurzeln zurück ins frühe 18. Jahrhundert. 1860 zog es an seinen heutigen Platz. Der bestehende Flachbau im Tudor-Stil stammt allerdings aus den 1940er-Jahren, nachdem sein Vorgänger im Zweiten Weltkrieg von Bomben schwer getroffen worden war. Die bedächtige Nachkriegsatmosphäre ist dort noch heute spürbar, wenn man im Speisesaal sitzt bei einem traditionellen *Pie* zum »luncheon« oder einer Kleinigkeit zum speziellen Teegedeck – wie beim *Afternoon Tea*, allerdings mit deftigen Pasteten, Quiches und *Sausage Rolls* (Würstchen in Blätterteig).

## 264 ALPINO

**97 Chapel Market**
**N1 9EY**
**Islington ⑧**
**+44 (0)20 7837 8330**

Dieses schlichte Café eröffnete in den 1950er-Jahren, was man am Interieur heute noch bemerkt. Immer lebhaft und mit effizientem Service, serviert es klassische englisch-italienische Küche in großzügigen Portionen und mit einem guten PreisLeistungs-Verhältnis. Hier bestellt man sich z. B. ein deftiges englisches Frühstück oder ein *Alpino Club Sandwich* (Ciabatta, gefüllt mit Hühnerfleisch, Mozzarella und Sauce Napoli).

# RETRO-
## *Restaurants*

265 **CIAO BELLA**
**86–90 Lamb's Conduit St**
**WC1N 3LZ**
**Bloomsbury ⑦**
**+44 (0)20 7242 4119**
***ciaobella restaurant.co.uk***

Oft dicht besetzt und geräuschvoll, mit Livemusik und lauten Stimmen, ist das Ciao Bella ein gutes Beispiel dafür wie die Londoner Restaurantszene in den 1980er-Jahren aussah. Das etwas altmodische, lebhafte italienische Lokal hat sich seit seiner Eröffnung sichtlich kaum verändert, und den Menschenmassen nach zu urteilen, die hier jeden Abend hereinströmen, funktioniert dies wirklich gut. Der Service ist flink, das Personal geradlinig und effizient, und die Portionen sind riesig. (Bestellen Sie Pasta, unbedingt Pasta!) Ein Abend hier kann zwar leicht chaotisch werden, doch gerade das trägt nicht unerheblich zum Charme dieses Retro-Spots bei.

265 **CIAO BELLA**

## 266 INDIA CLUB

**143–145 Strand**
**WC2R 1JA**
**Covent Garden** ①
**+44 (0)20 7836 4880**
***theindiaclub.co.uk***

An diesem Curry-Haus läuft man leicht vorbei, denn es liegt etwas versteckt über einer Treppe neben einer Tür am Strand. Das indische Restaurant (eines der ältesten in Großbritannien) mit Bar und Lounge, wo man köstliche Gerichte aus dem Süden Indiens serviert, wirkt wie aus der Zeit gefallen. Man findet hier noch die gleichen schlichten Möbel, gerahmten Fotos und Kunstdrucke an den Wänden wie vor etwa sechzig Jahren, als es von der Indian League zur Förderung der britisch-indischen Freundschaft in postkolonialen Zeiten gegründet wurde. Gleichermaßen sozialer Treffpunkt wie Restaurant, wurde der India Club zu einem wichtigen Anlaufpunkt für die aufstrebende asiatische Community in London.

## 267 OSLO COURT

**Charlbert St**
**NW8 7EN**
**North** ⑭
**+44 (0)20 7722 8795**
***oslocourt restaurant.co.uk***

Unter der Leitung von Tony Sanchez und Familie wirkt dieses Restaurant im Erdgeschoss eines Gebäudes aus den 1930-Jahren ein wenig wie aus der Zeit gefallen. Seit seiner Eröffnung 1982 hat sich hier kaum etwas verändert, und es präsentiert sich noch ganz wie in den 1970ern: ein bisschen plüschig, mit drapierten Vorhängen und lachsrosa Tischwäsche. Auf der Karte findet man Retro-Klassiker: Vorspeisen wie Melone mit Parmaschinken oder Frittierte Pilze in reichlich Knoblauchbutter, gefolgt von einem Hauptgang mit Fleisch und reichhaltiger Sauce auf Wein- und Sahnebasis. Die Portionen sind großzügig bemessen (Beilagen werden immer nachgereicht) – lassen Sie also genug Platz fürs Dessert vom Servierwagen in einer Raumecke, auf dem sich Torten, Mousses und Baisers türmen. Unentschlossene überlassen die Wahl einfach den Mitarbeitern.

ROWLEY'S
ROWLEY'S
ROWLEY'S

## 268 LANGAN'S BRASSERIE

**Stratton St**
**W1J 8LB**
**Mayfair ⑥**
**+44 (0)20 7491 8822**
***langansbrasserie.com***

Gegründet 1976 vom extravaganten Gastronomen Peter Langan und Schauspielerikone Michael Caine, war das Langan's in den 1980er-Jahren ein Liebling der Prominenten. Mit französisch-englischer Küche und lebhafter Atmosphäre zog es Stars und Künstler an wie Marlon Brando, Jack Nicholson oder David Hockney. Weder die mit Kunst bestückten Wände noch die Speisekarte haben sich über die Jahrzehnte stark verändert. Ob Leber mit Speck oder Schnecken im Blätterteig – die Atmosphäre ist unnachahmlich.

## 269 JOE ALLEN RESTAURANT

**2 Burleigh St**
**WC2E 7PX**
**Covent Garden ①**
**+44 (0)20 7836 0651**
***joeallen.co.uk***

1970er-Atmosphäre herrscht bis heute in diesem West-End-Laden, der seit seiner Eröffnung 1977 für Esskultur im »New York Style« steht. Promi-Fotos und Plakate ehemaliger Theaterproduktionen überziehen die rohen Ziegelwände, und die Tische sind in schlichtem Weiß gedeckt. Während man vor dem Theaterbesuch diniert, klimpert im Hintergrund abends ein Pianist – oder man bestellt den (nicht so) geheimen Burger außerhalb der Karte.

## 270 ROWLEY'S

**113 Jermyn St**
**SW1Y 6HJ**
**St James's ⑤**
**+44 (0)20 7930 2707**
***rowleys.co.uk***

Dieses Lokal im alten Stil (seit 1976) im selben Gebäude, in dem einst das für seine Wurst bekannte Unternehmen Wall's gegründet wurde, ist etwas ganz Besonderes. Es glänzt mit perfekt erhaltener alter Fliesendecke, blank geputzten Spiegelwänden und goldenem Lokalnamen in elegantem Boden an beiden Schaufenstern. Die Atmosphäre ist schick und leicht formell, die Karte erinnert an die Zeit der Gründung in den 1970ern. So findet man Garnelen-Cocktail mit Avocado, gebeizten Lachs auf braunem Butterbrot oder Hühnerbrust »Chicken Supreme«. Klassiker sind auch das Entrecôte-Steak, das man mit Buttersauce und reichlich Pommes auf einem Tischbrenner serviert – sie werden es nicht bereuen.

## *Lebendige Shops für*
# PIE & MASH

**271 F. COOKE**
**150 Hoxton St**
**N1 6SH**
**Hackney** ⑩
**+44 (0)20 7729 7718**
***f-cooke-hoxton.business.site***

Die frühesten »Fast-Food«-Restaurants der Stadt, Lokale für *Pie & Mash* – ein klassisches Arbeitergericht, bestehend aus geschmortem Rinderhack und Kartoffelstampf –, sind nicht weniger Teil Londoner Identität als die roten Telefonzellen oder die königliche Familie. Doch Adressen, die seit dem 19. Jahrhundert bestehen, sind im Niedergang begriffen. Es gibt nur noch eine Handvoll solcher Traditionslokale, die das günstige Gericht bis heute im Cockney-Stil als gebackene Pastete mit Kartoffelpüree und grünem *Liquor* (Petersiliensauce) anbieten, darunter F. Cooke, das seit den 1860ern als Familienbetrieb operiert. Auch nach Schließung der 120 Jahre alten Filiale am Broadway Market ist man in Hoxton stark vertreten und serviert Touristen wie treuen Stammgästen Fleischpasteten (auch als vegane Variante) und ordentliche Becher *Rosy Lee* (Tee).

271 F. COOKE

272 **ARMENTS PIE AND MASH**
**7–9 Westmoreland Rd**
**SE17 2AX**
**South** ⑫
**+44 (0)20 7703 4974**
***armentspieandmash.com***

Arments findet man seit 1979 in diesem Gebäude an der Westmoreland Road, doch die Geschichte des Lokals reicht zurück bis 1914. Noch immer familiengeführt und eine Institution im Stadtteil South, serviert es das typische Gericht nach Originalrezept, ist also genau die richtige Adresse für diese Blätterteigpasteten mit cremigem Püree. Die blaue Plakette am Gebäude, die das beliebte Restaurant als Sehenswürdigkeit ausweist, wurde anlässlich seines hundertjährigen Bestehens angebracht.

273 **M. MANZE**
**87 Tower Bridge Rd**
**SE1 4TW**
**South** ⑫
**+44 (0)20 7407 2985**
***manze.co.uk***

Der erste einer kleinen Kette von *Pie-&-Mash*-Läden, den der Italiener Michele Manze in der Tower Bridge Road gründete, wurde 1902 eröffnet. Das Innere des denkmalgeschützten Shops ist wohl noch weitgehend so wie damals – mit grünen, cremefarbenen und rosa Fliesen im Schachbrett- und Blumenmuster, Tischen mit Marmorplatte und Terrazzoboden. Doch die Zeiten ändern sich: Von den einst 14 dieser Läden haben sich nur drei erhalten – man kann *Pie & Mash* inzwischen auch bei Deliveroo bestellen.

274 **G KELLY**
**526 Roman Rd**
**E3 5ES**
**East London** ⑪
**+44 (0)20 8980 3165**
***gkelly.london***

Der alteingesessene *Pie & Mash Shop* wurde 1939 von George Kelly in der Roman Road 526 gegründet, einem Areal, wo man schon seit den 1920ern dieses Gericht erhält. Schauen Sie einfach mal herein auf eine gebackene Pastete in den hell gekachelten Innenraum, geschmückt mit Vintage-Schildern und Schwarz-Weiß-Fotos, der seit einer Restaurierung vor Kurzem wieder im ursprünglichen Glanz erstrahlt. Dass die Beliebtheit von *Pie & Mash* in letzter Zeit deutlich nachgelassen hat, würde man nicht glauben, besonders an den Spieltagen des Fußballclubs West Ham United, wenn die Fans auf ihrem Weg ins nahe gelegene London Stadium hier auf einen herzhaften Imbiss vor Spielbeginn einkehren.

# *Die* ÄLTESTEN LOKALE *Londons*

275 **RULES**
**34–35 Maiden Lane**
**WC2E 7LB**
**Covent Garden ①**
**+44 (0)20 7836 5314**
***rules.co.uk***

Gegründet 1798, bezeichnet das Rules sich selbst als ältestes Restaurant der Stadt – sicher ein beeindruckendes Erbe. Charles Dickens und H. G. Wells haben bekanntlich hier gegessen, und im Inneren mit roten Samtabteilen, opulentem Musterteppich und reich dekorierten Wänden fühlt man sich in der Tat wie in einer Zeitkapsel. Tatsächlich hat es sich natürlich über die Zeit entwickelt – so kann man etwa heute einen *Duchess of Cambridge Cocktail* ordern –, doch wenn es um das Essen geht, setzt sich die Tradition durch. Man serviert diverse *Pies*, Wild oder Austern, abgerundet mit *Rules Golden Syrup Sponge* (Biskuitpudding) als Dessert.

276 **SIMPSON'S IN THE STRAND**
**100 Strand**
**WC2R 0EW**
**Covent Garden ①**
**+44 (0)20 7420 2111**
***simpsonsin thestrand.co.uk***

Das traditionelle Simpson's in the Strand ist eines der ältesten Lokale Londons und wurde 1828 eröffnet. Sobald man die hübsche Schwelle überschritten hat (achten Sie beim Eintreten besonders auf die Fliesen oben und das vergoldete Schild), steht man vor Wänden mit Holzvertäfelung, Lederstühlen und makellos eingedeckten Tischen. Lust auf das komplette dramatische Programm? Dann bestellen Sie Rinderrippchen oder Lammrücken, die man am Tisch von einem Tranchierwagen aus serviert.

## 277 SIMPSON'S TAVERN

**Ball Court,**
**38½ Cornhill**
**EC3V 9DR**
**City of London ②**
**+44 (0)20 7626 9985**
***simpsonstavern.co.uk***

Sie brauchen einen Platz, um Ihren Zylinder abzulegen? Kein Problem in Simpson's Tavern, wo jede Holznische über eine Hutablage verfügt. Die Anlage des charmanten, denkmalgeschützten Lokals in einer Altstadtgasse der City hat sich seit seiner Eröffnung 1757 nicht verändert. Geöffnet nur dienstags bis freitags (zum Frühstück und Mittagessen), ist es beliebt bei städtischen Arbeitern für eine lange Bierpause – und jedem, der die deftige englische Küche liebt. Auf der Karte stehen *Edwardian Pork Chops* (Schweinekoteletts) oder pochierter Lachs mit Beilagen wie Kartoffelpüree und cremiger Spinat. Lassen Sie Platz für die ansehnliche Wurst, die traditionell zu allen Gerichten auf der Karte angeboten wird.

## 278 SWEETINGS

**39 Queen Victoria St**
**EC4N 4SA**
**City of London ②**
**+44 (0)20 7248 3062**
***sweetingsrestaurant.co.uk/about***

Das Sweetings, das seit 1830 besteht, ist ein Fischrestaurant, das nur zur Mittagszeit geöffnet hat. Zunächst an einem anderen Ort gelegen, logiert es bereits seit über hundert Jahren in seinen heutigen Räumlichkeiten. Das Innere bestimmen Mosaikböden und Holzvertäfelung, akzentuiert durch Blautöne, die das historische Dekor der gerundeten Außenfassade aufgreifen, Kellner in dunklen Westen – und ein Eindruck ernsthafter Nostalgie. Die Getränke werden in Silberkrügen serviert, jedes Gericht offenbar mit Butterbrot, und die Speisekarte ist gespickt mit wohltuend altmodischen Gerichten wie *Fish Pie* (Fischpastete) oder Krabbencocktail.

## 279 SCOTT'S

**20 Mount St**
**W1K 2HE**
**Mayfair ⑥**
**+44 (0)20 7495 7309**
***scotts-restaurant.com***

Mit Wurzeln, die bis ins Jahr 1851 zurückreichen, ist das Scott's ein historisches gehobenes Speiselokal mit elegantem Interieur, inspiriert vom Art déco. Seit seiner Gründung als Austernlager ist es spezialisiert auf Fisch und Meeresfrüchte. Ganz stilecht (oder wenn man Lust auf einen Eiweißschock hat) bestellt man englische Jersey-Rock-Austern, anschließend gegrillten Hummer mit Knoblauchbutter, die man mit einem Glas Champagner hinunterspült.

## 280 WILTONS

**55 Jermyn St**
**SW1Y 6LX**
**St James's ⑤**
**+44 (0)20 7629 9955**
***wiltons.co.uk***

Nach Anfängen als Muschelhändler im Jahr 1742 serviert das Wiltons seit dem frühen 19. Jahrhundert als Restaurant traditionelle englische Küche. In den 1980er-Jahren bezog man den heutigen Standort in der Jermyn Street, behielt jedoch dabei den leicht altmodischen Charme bei. Beliebt bei allen, die den schönen Dingen des Lebens zugewandt sind, erweckt es fast den Eindruck eines Clubs für Privatmitglieder, doch keine Sorge: Solange man am Ende seine Rechnung bezahlen kann, ist jedermann willkommen, um im edlen Speiseraum *Stilton Soufflé* oder *Smoked Eel* (Räucheraal) zu genießen.

## 281 J. SHEEKEY

**28–32 St Martin's Court**
**WC2N 4AL**
**Covent Garden ①**
**+44 (0)20 7240 2565**
***j-sheekey.co.uk***

Das über hundert Jahre alte J. Sheekey serviert im spätviktorianischen Ambiente klassische Fischgerichte. Der Ort strahlt einen gewissen altmodischen Glamour aus, wobei seine knallrote Fassade fast gegen das Wyndham's Theatre im West End stößt. Sie planen dort einen Theaterbesuch? Schauen Sie einfach anschließend hier vorbei, um eine Fischpastete (*Fish Pie*) oder andere Köstlichkeiten von der Abendkarte zu genießen.

# GEHOBENE KÜCHE
## *in schönem Ambiente*

282 **THE WOLSELEY**
**160 Piccadilly**
**W1J 9EB**
**Piccadilly** ⑤
**+44 (0)20 7499 6996**
***thewolseley.com***

Kaum beeindruckender kann man sich Gastronomie vorstellen als im Restaurant The Wolseley, einem Grand Café europäischen Stils, das in einem ehemaligen Präsentationraum für Automobile aus den 1920er-Jahren logiert. Hier serviert man von früh bis spät in die Nacht eine elegante Speisenauswahl (Frühstück, Mittagessen, *Afternoon Tea*), von Fisch und Meeresfrüchten, Steaks und *Schnitzels* bis hin zu französisch-österreichischen Desserts (*Apfel Strudel*). Doch eigentlich ist es das Gebäude – mit Marmorsäulen, hohen Gewölbebögen und prächtig eingelegtem geometrischem Boden noch aus den 1920ern –, welches das Essen hier zu etwas ganz Besonderem macht.

283 **CLAUDE BOSI AT BIBENDUM**
IM MICHELIN HOUSE
**81 Fulham Rd**
**SW3 6RD**
**Chelsea** ④
**+44 (0)20 7581 5817**
***claudebosi.com***

Mit bunt glasierten Kacheln, kunstvollen Schmiedearbeiten, Buntglasfenstern und dekorativen Türmchen (die wie Reifenstapel aussehen) präsentiert sich dieser interessante Bau. Das denkmalgeschützte Gebäude von 1911 diente ursprünglich als englischer Hauptsitz und Depot des französischen Reifenherstellers Michelin. Das hier logierende Lokal wurde einst nach der Werbefigur des Konzerns, dem Michelin-Männchen (offiziell »Bibendum«), benannt. Claude Bosi hauchte dem Restaurant jüngst neues Leben ein – mit »französische(r) Küche auf höchstem Niveau mit modernen Akzenten« (Guide Michelin) und Austernbar.

LA MAISON
REMY MARTIN
AT
CLAUDE BOSI
PARIS-BORDEAUX
1900
CHARRON SUR PANHARD
MICHELIN

BIBENDUM
MICHELIN

## 284 L'ESCARGOT

**48 Greek St**
**W1D 4EF**
**Soho ①**
**+44 (0)20 7439 7474**
***lescargot.co.uk***

Gegründet 1896 von dem Franzosen Georges Gaudin, zog das Restaurant schon 1927 in sein heutiges Domizil – ein elegantes Stadthaus aus dem frühen 18. Jahrhundert in extravagantem Stil, wo der Besitzer offensichtlich eine Schneckenfarm betrieb. Das ist heute nicht mehr der Fall, doch das älteste französische Restaurant der Stadt steht noch immer für französische Küchenklassiker – und wirklich gute Schnecken (*Escargots*, daher der Name!).

## 285 THE QUALITY CHOP HOUSE

**88–94 Farringdon Rd**
**EC1R 3EA**
**Clerkenwell ⑧**
**+44 (0)20 7278 1452**
***thequality chophouse.com***

Hierher kommt man, um etwas wunderbar Altmodisches zu sich zu nehmen, darunter natürlich Steaks und Koteletts (*Chops*), und dabei das Ambiente zu genießen – Böden im Schachbrettmuster, dunkle Holzabtrennungen, hölzerne Wandpaneele und Retro-Schilder (»Progressive Working Class Caterers«, »London's Noted Cup of Tea«). Alles denkmalgeschützte Elemente aus der viktorianischen Anfangszeit dieses Lokals, das 1869 als The Quality Chop House für die lokalen Bewohner aus der Arbeiterschaft eröffnet wurde. Das heutige Restaurant besteht seit 2012.

## 286 BRASSERIE ZÉDEL

**20 Sherwood St**
**W1F 7ED**
**Soho ①**
**+44 (0)20 7734 4888**
***brasseriezedel.com***

Brasserie Zédel klingt reichlich untertrieben. Auf den ersten Blick ein charmantes, einfaches kleines Café im Pariser Stil, öffnet es sich, wenn man nach unten steigt, zu einem riesigen Speisesaal im authentischen Art-déco-Stil, einst Grill Room des Regent Palace Hotel. Die Decke strukturieren Goldfriese, es dominieren eckige Marmorpfeiler mit vergoldeten Kapitellen, Messinggeländer und glänzende Spiegel. Und an rosa eingedeckten Tischen speist man französische Klassiker wie *Bœuf Bourguignon* oder *Tarte Tatin* in einem Wes-Anderson-würdigen Ambiente.

327 THE CHURCHILL ARMS

# BARS & KNEIPEN


*Historische* WEINBARS — 224

*Die* ÄLTESTEN PUBS *der Stadt* — 227

*Großartige* HOTEL-BARS — 232

*Kneipen mit* SPUKGESCHICHTEN — 235

*Alteingesessene* GEMEINSCHAFTSCLUBS — 237

*Viktorianische* GIN-PALÄSTE — 238

*Bars in* APARTEM AMBIENTE — 240

JAHRHUNDERTEALTE *Gastwirtschaften* — 242

*Pubs mit* TOLLEM INTERIEUR — 245

*Trinkschuppen aus dem* 20. JAHRHUNDERT — 248

## *Historische*
# WEINBARS

### 287 GORDON'S WINE BAR

**47 Villiers St**
**WC2N 6NE**
**Covent Garden ①**
**+44 (0)20 7930 1408**
***gordonswinebar.com***

Kaum eine Weinbar Londons besitzt mehr Atmosphäre als diese in einem Gewölbekeller mit Kerzenlicht, der wohl aus dem 17. Jahrhundert stammt, mit feuchten Steinwänden, die verblichene Zeitungsausschnitte und Erinnerungsstücke überziehen. Nichts scheint sich hier seit der Eröffnung im Jahr 1890 verändert zu haben, als der Schriftsteller Rudyard Kipling ein Zimmer im Gebäude oben bewohnte – wie es auch der Eigentümerfamilie Gordon (nicht verwandt mit dem Firmengründer) seit den 1970ern gefällt. Angeblich bestand der verstorbene Luis Gordon darauf, bei einem Umbau in den 1990ern sogar die Spinnweben zu erhalten. Heute serviert man noch immer Wein zu einer Käseauswahl, Brot und diversen Platten (auch vegetarisch). Die gemütlichen Spinnweb-Ecken registriert? Auch die Außenterrasse brummt meist bei jedem Wetter.

### 288 THE OLDE WINE SHADES

**6 Martin Lane**
**EC4R 0DP**
**City of London ②**
**+44 (0)20 7626 6876**
***elvino.co.uk/bars/the-olde-wine-shades***

Trotz einer modernen Renovierung des Innenraums in letzter Zeit gilt diese historische Bar tatsächlich als die älteste der Stadt. Als eines von nur sehr wenigen Gebäuden in diesem Viertel überlebte sie sogar den Großen Stadtbrand im Jahr 1666. Heute wird sie betrieben von der Weinbarkette El Vino – die, gegründet 1879 als Bower and Co., selbst schon als historisch gelten kann. Ein toller Ort für internationale Weine (insbesondere Spanien und Portugal), zu denen man Tapas und einige Fleischgerichte serviert.

THE TIMES
Two Queens, two Princes...
four generations of Royalty

## 289 LE BEAUJOLAIS

**25 Litchfield St**
**WC2H 9NJ**
**Covent Garden** ①
**+44 (0)20 7836 2955**
***lebeaujolais.london***

In dieser überraschenden kleinen Bar zwischen Covent Garden, Chinatown und den Theatern an der Shaftesbury Avenue genießt man gerne ein entspanntes Gläschen französischen Rotwein – zu einem Käseteller, *Pâté* und Baguette (oder einer Auswahl kleinerer Gerichte aus der Bistroküche). Der laute, anheimelnde Raum im Erdgeschoss mit eng zusammengeschobenen rustikalen Tischen, wo Krawatten und Krüge an der Decke baumeln, ist die älteste französische Weinbar Londons. Im Untergeschoss gibt es noch ein Clubrestaurant (nur für Mitglieder!), wo man erst seit den 1970er-Jahren auf Einladung französische Küchenklassiker genießen kann.

289 LE BEAUJOLAIS

# *Die* ÄLTESTEN PUBS *der Stadt*

290 **THE MAYFLOWER**
**117 Rotherhithe St**
**SE16 4NF**
**South** ⑫
**+44 (0)20 7237 4088**
***mayflowerpub.co.uk***

Das älteste Pub in London? Infolge zahlreicher Stadtbrände, Bombenangriffe, Umbauten und Umgestaltungen – und weil häufig keine Aufzeichnungen mehr vorhanden sind – gibt es heute eine Handvoll Kandidaten, die mit Recht um diesen Titel konkurrieren, doch keine sichere Methode, um herauszufinden, wer es tatsächlich ist. Das Mayflower an der Themse, ein knorriges Pub mit niedriger Balkendecke und unwiderstehlicher nostalgischer Atmosphäre ist diesbezüglich sicher ein solider Wettbewerber. Ein Drink in einem der kerzenbeleuchteten Winkel, und man verfällt sofort dem Charme der Kneipe, die angeblich im 16. Jahrhundert erbaut wurde. Sichern Sie sich bei schönem Wetter einen Tisch draußen auf dem Holzdeck mit Blick auf jene Stelle, von der 1620 das gleichnamige Schiff mit den Pilgervätern nach Amerika in See gestochen sein soll.

291 **THE PROSPECT OF WHITBY**
**57 Wapping Wall**
**E1W 3SH**
**East** ⑪
**+44 (0)20 7481 1095**
***greeneking-pubs.co.uk***

Diese Kneipe direkt am nördlichen Themseufer reicht zurück bis in die Zeit um 1520, wenngleich ein Großteil des Gebäudes, das heute hier steht, aus dem frühen 19. Jahrhundert stammt. Lehnen Sie sich an die mächtige Bar aus Zinn, um den Boden aus 400 Jahre alten Steinplatten zu bewundern, oder ziehen Sie sich zurück in eine der gemütlichen dunklen Ecken. An der Gebäuderückseite hinter der Außenterrasse frisst sich die Themse ein Stück ins Stadtgebiet. Die perfekte Idylle, wäre da nicht die Nachbildung eines Galgens, dessen Schlinge sich im Wind bewegt, als Anspielung auf die Hinrichtungen, die früher am *Execution Dock* in Wapping stattfanden.

## 292 YE OLDE MITRE

**1 Ely Court**
**EC1N 6SJ**
**Holborn ①**
**+44 (0)20 7405 4751**
***yeoldemitre holborn.co.uk***

Es hat etwas fast Transzendentales, wenn man die Gasse hinabgehend unter einem Baldachin funkelnder Lichter unvermittelt auf Ye Olde Mitre stößt. Das winzige Pub wurde angeblich 1546 gegründet, das heutige Gebäude stammt jedoch aus dem 18. und 20. Jahrhundert. Im Inneren grenzen zwei gemütliche Räume mit offenen Kaminen an eine zentrale Bar. Achten Sie auf den Stamm des Kirschbaums, um den das Gebäude mutmaßlich errichtet wurde. Er markierte die Grenze zwischen den Ländereien, die in elisabethanischer Zeit dem Bischof von Ely und Lordkanzler Sir Christopher Hatton gehörten.

## 293 THE GEORGE INN

**77 Borough High St**
**SE1 1NH**
**South Bank ③**
**+44 (0)20 7407 2056**
***nationaltrust.org.uk/ georgeinn***

Das denkmalgeschützte Gebäude (unter Verwaltung des National Trust) ist der letzte erhaltene Ausspanngasthof Londons mit hölzernen Säulengalerien. Das auf dem Gelände eines älteren Gasthauses (16. Jahrhundert) 1677 neu errichtete Gebäude überlebte als einziges Pub die Bombenangriffe des Zweiten Weltkriegs. Schön: der sonnige Innenhof der Poststation und ihre gemütlichen Zimmer mit viel Atmosphäre, fast wie zu Zeiten Shakespeares. Da dieser in Southwark wohnte, ist er vielleicht hier eingekehrt – man kann nie wissen.

## 294 YE OLDE CHESHIRE CHEESE

**145 Fleet St**
**EC4A 2BU**
**Holborn ①**
**+44 (0)20 7353 6170**

Wieder aufgebaut 1667 kurz nach dem Großen Brand, wirkt diese historische dunkle Lasterhöhle wie das Tor in eine vergangene Zeit. Das Schild »Sie betreten ein anderes Jahrhundert« auf dem Weg dorthin deutet schon an, dass dies eine technikfreie Zone ist. Der Eingang liegt in einer unauffälligen schmalen Gasse. Im Inneren findet man Holzvertäfelungen, offene Kamine, weiß getünchte Steinkeller, ein Labyrinth von Räumen, verbunden durch schlecht beleuchtete niedrige Gänge, und viele stille Ecken. Man benötigt nur wenig Fantasie, um sich vorzustellen, warum Literaten wie Lord Tennyson, Charles Dickens, Sir Arthur Conan Doyle oder P. G. Wodehouse gern zum Trinken hierher kamen.

## 295 THE SEVEN STARS

**53 Carey St**
**WC2A 2JB**
**Holborn** ①
**+44 (0)20 7242 8521**
***thesevenstars1602.co.uk***

Dieser schmale denkmalgeschützte Ort mit viel Charisma wurde 1602 gegründet und ist damit ein weiterer Kandidat, der den Anspruch erheben kann, das älteste Pub der Stadt zu sein. Im Inneren präsentiert er sich viktorianisch, mit leicht rustikalem Retro-Flair – Hopfendolden, die von der Decke hängen, karierten Tischdecken und alten Plakaten an den Wänden. Das Ganze immer überwacht von der Kneipenkatze.

## 296 THE GRAPES

**76 Narrow St**
**E14 8BP**
**East** ⑪
**+44 (0)20 7987 4396**
***thegrapes.co.uk***

Das heutige Gebäude stammt aus dem frühen 18. Jahrhundert, die Kneipe selbst verfolgt ihre Geschichte jedoch zurück bis ins Jahr 1583. Eine stimmungsvolle Trinkhöhle direkt am Flussufer, im Innern eng und schlecht beleuchtet, die sich mit einer winzigen wackligen Terrasse direkt zur Themse öffnet. Ihr Name verbindet sich mit etlichen Prominenten. So soll der Ort Charles Dickens verzaubert haben, dessen letzter Roman *Unser gemeinsamer Freund* sich auf ihn bezieht, während der Theaterschauspieler Sir Ian McKellen augenblicklich einer der Besitzer ist – und auch schon das ein oder andere Mal beim populären Pub Quiz gesichtet wurde.

# *Großartige*
# HOTEL-BARS

297 **AMERICAN BAR**
IM THE SAVOY
**Strand**
**WC2R 0EZ**
**Covent Garden** ①
**+44 (0)20 7420 2117**
***thesavoylondon.com***

Als älteste erhaltene Bar des Landes mischt die American Bar im Hotel Savoy seit 1893 legendäre Cocktails. Zwar blieb man hier nicht der Vergangenheit verhaftet – erst im Jahr 2020 wurde man als eine der »World's Best Bars« gewürdigt –, doch ein Sinn für die Geschichte ist allenthalben spürbar. Die Art-déco-Bar ist legendär und hatte unzählige prominente Gäste, darunter Fred Astaire, Frank Sinatra oder Marilyn Monroe – gerahmte Fotografien am Eingang erinnern noch daran. Die breite Auswahl innovativer Cocktails wechselt kontinuierlich, serviert in einem zeitlosen Ambiente und untermalt von Live-Pianoklängen.

298 **DUKES BAR**
IM DUKES LONDON
**35 St James's Place**
**SW1A 1NY**
**St James's** ⑤
**+44 (0)20 7491 4840**
***dukeshotel.com/***
***dukes-bar***

Das historische Hotel in der Nähe des St. James's Palace und der altmodischen Läden an der Jermyn Street, das aus dem frühen 20. Jahrhundert stammt, lebt nicht zuletzt von seiner traditionellen Ausstrahlung. Nicht anders die Dukes Bar – wie in der Kulisse eines Schwarzweißfilms wirken die Dinge dort noch dramatischer, wenn man etwa einen Martini ordert, der von dem Barmixer im weißen Maßanzug am Tisch serviert wird. Ein Lieblingsort des Autors Ian Fleming, der ihn angeblich zu der Marotte seines Helden James Bond inspirierte, seinen Martini »geschüttelt, nicht gerührt« zu trinken.

300 CHAMPAGNE BAR IM KETTNER'S STUDIO

## 299 CONNAUGHT BAR

IM THE CONNAUGHT
**Carlos Place**
**W1K 2AL**
**Mayfair ⑥**
**+44 (0)20 7499 7070**
***the-connaught.co.uk***

Zeitloser Glamour bestimmt die Connaught Bar. Zwar ist sie weniger »historisch« als das Ambiente des gleichnamigen Hotels, doch mit ihren prächtigen Stilmerkmalen aus Kubismus und Art déco buchstäblich eine Zeitreise in die 1920er-Jahre. Bestellen kann man moderne Abwandlungen altmodischer Klassiker. Nichts verkehrt macht man mit einem individuell gemixten *Dry Martini*, der als Top-Attraktion gilt. Man erhält ihn feierlich von dem legendären Martini-Wagen serviert.

## 300 CHAMPAGNE BAR

IM KETTNER'S STUDIO
**29 Romilly St**
**W1D 5HP**
**Soho ①**
**+44 (0)20 7734 5650**
***sohohouse.com***

Eröffnet 1867 von August Kettner als französisches Restaurant, Lounge und Champagner-Bar, entwickelte sich das Kettner's zu einer beliebten Institution in Soho, gerne besucht von Künstlern und Politikern wie Oscar Wilde, Agatha Christie oder Winston Churchill. Heute ist es Teil des Soho-House-Hotelimperiums, das einst legendäre Restaurant ein Club für Privatmitglieder, die Zimmer in den oberen Etagen wurden im clubeigenen aufwendigen Stil in Anlehnung an die 1920er-Jahre gestaltet. Die Champagner-Bar, restauriert wie zu ihren Hochzeiten, bleibt jedoch für die Öffentlichkeit zugänglich. Man genießt dort Champagner-Martinis und andere Klassiker in atemberaubendem Ambiente. Achten Sie besonders auf die hübsche runde Bar und den originalen Mosaikfußboden.

# *Kneipen mit*
# SPUKGESCHICHTEN

301 **THE TEN BELLS**
**84 Commercial St**
**E1 6LY**
**Spitalfields** ⑨
**+44 (0)20 7247 7532**
***tenbells.com***

Die »Zehn Glocken«, eine klassische East-End-Kneipe im Herzen von Spitalfields, ist bereits seit 1666 Anlaufstelle für ein Feierabendbier, das heutige Eckgebäude steht dort allerdings erst seit etwa 150 Jahren. Auffällige Originalfliesen aus viktorianischer Zeit sind schon für sich ein Grund, dort vorbeizuschauen, doch wenn man eine Vorliebe für Gespenstergeschichten hat, gibt es noch einen weiteren. Neben Verbindungen, die zum berüchtigten Serienmörder Jack the Ripper bestehen – einige seiner Opfer sollen in ihrer Todesnacht zuvor das Pub besucht haben –, wird die Kneipe angeblich von den Geistern eines ehemaligen ermordeten Wirts und eines Säuglings aus dem 19. Jahrhundert heimgesucht.

302 **THE SPANIARDS INN**
**Spaniards Rd**
**NW3 7JJ**
**North** ⑭
**+44 (0)20 8731 8406**
***thespaniards hampstead.co.uk***

Als eines der ältesten Londoner Pubs sammelte das Spaniards Inn an der nordwestlichen Grenze des Parks Hampstead Heath über die Jahre auch eine ganze Reihe merkwürdiger Geschichten an. Der Grund ist nicht schwer erkennbar – niedrige Balken, knarrende Dielen und düstere Winkel überall im Haus. Errichtet 1585 als Zollstelle, soll die alte Kutschstation im Laufe ihrer Geschichte die Dichter Lord Byron und Shelley beherbergt haben, zuvor sogar den berüchtigten Straßenräuber Dick Turpin. Wenn Sie Glück haben (oder Pech, je nach Betrachtungsweise), können Sie hier einer umherwandelnden Frau in Weiß oder dem Geist von Turpin begegnen, der draußen auf die Pirsch geht.

## 303 THE GRENADIER

**18 Wilton Row**
**SW1X 7NR**
**Belgravia** ⑤
**+44 (0)20 7235 3074**
***grenadierbelgravia.com***

In dem winzigen einstigen Offizierscasino hängen die Besucher traditionell Geldscheine an die Decke. Aus welchem Grund? Laut Überlieferung wurde Cedric, ein junger Grenadier, beim Kartenschummeln erwischt und zu Tode geprügelt. Heute tragen Kneipenbesucher zwar ihr Scherflein bei, um seine Schulden abzuzahlen, doch das gespenstische Treiben geht unvermindert weiter, wobei Gäste und Kneipenpersonal immer wieder neue gruselige Geschichten zu vermelden haben.

## 304 THE FLASK

**77 Highgate West Hill**
**N6 6BU**
**North** ⑭
**+44 (0)20 8348 7346**
***theflaskhighgate.com***

Das historische Pub in Highgate zieht insbesondere Wanderer an, die nach einem Spaziergang durch die Heide dort neue Kräfte tanken. Das charaktervolle Gebäude stammt aus dem frühen 18. Jahrhundert, der Stallblock bereits aus den 1660er-Jahren. Die Tische draußen im Innenhof werden das ganze Jahr über genutzt, das Innere wirkt eher traditionell und atmosphärisch. Auf der Jagd nach Poltergeistern? Hier verkehren angeblich der eines spanischen Barmädchens, das sich im Keller erhängte, und eines Mannes in Kavaliersuniform – oder Sie begeben sich in den Committee Room, angeblich Schauplatz einer der ersten Autopsien an einer vom nahe gelegenen Highgate Cemetery gestohlenen Leiche. Gruselig genug?

# *Alteingesessene* GEMEINSCHAFTSCLUBS

### 305 EFFRA SOCIAL

**89 Effra Rd**
**SW2 1DF**
**South** ⑫
**+44 (0)20 7737 6800**
***effrasocial.co.uk***

Der einstige *Community Club* der Konservativen Partei (19. Jahrhundert bis 2012) in einem viktorianischen Bau ist heute ein lebhaftes Bar-Restaurant und Veranstaltungsraum mit Tanzsaal, altmodischer Bühne und vielen Elementen aus der Entstehungszeit: Verblasste Memorabilien aus der politischen Vergangenheit schmücken die Wände, der restaurierte *Churchill Room* mit Originalmöbeln und Retro-Kamin führt direkt in die 1970er. Angeblich kehrte hier der ehemalige Premierminister hin und wieder mit seinen Tory-Freunden ein.

### 306 BETHNAL GREEN WORKING MEN'S CLUB

**42–46 Pollard Row**
**E2 6NB**
**East** ⑪
**+44 (0)20 7739 7170**
***workersplaytime.net***

Heute findet man hier eine Diskothek im Stil der 2000er-Jahre, eine eingeschworenen Zuschauergemeinde der Reality-TV-Show *RuPaul's Drag Race* (eines Dragqueen-Wettbewerbs) und einen Club mit Kabarett. Der Bethnal Green Working Men's Club entstand schon 1887 als klassischer East-End-Arbeiterclub, der sich inzwischen weit von seinen traditionellen Wurzeln entfernt hat. Ein freundlicher *Diverse Club* mit abgeranzten Teppichböden und Hort für Kitsch und allerlei Verschrobenheiten.

### 307 MOTH CLUB

IN DER OLD TRADES HALL
**Valette St**
**E9 6NU**
**Hackney** ⑩
**+44 (0)20 8985 7963**
***mothclub.co.uk***

MOTH (Akronym für *Memorable Order of Tin Hats*: »Denkwürdiger Orden der Zinnhüte«), einst ein geschlossener Verein für Militärveteranen, wurde umgestaltet und 2015 als toller Retro-Nachtclub neu eröffnet. Unter Erhaltung historischer Elemente (Schachbrettboden, Tanzfläche, Schilder und Barbereich aus dunklem Holz) wurde er aufgepeppt mit modernen Akzenten wie der goldenen Glitzerdecke.

# *Viktorianische*
# GIN-PALÄSTE

308 **THE VIADUCT TAVERN**
**126 Newgate St**
**EC1A 7AA**
**City of London** ②
**+44 (0)20 7600 1863**
***viaducttavern.co.uk***

Die Viaduct Tavern mit spätviktorianischem Dekor ist ein typisches Beispiel für *Gin Palaces*, prächtige Bars speziell für Gin. Mit kunstvoll geätzten Glaspaneelen, hohen Spiegeln und goldgerahmten Frauenporträts im Stil der Präraffaeliten unter prächtig gestalteter roter Decke wurde sie 1869 eröffnet, bis heute stilgetreu mit langer Gin-Karte und Gin-Tonic-Angeboten, deren Bezeichnungen ganz offensichtlich vom nahe gelegenen *Central Criminal Court* inspiriert sind.

309 **THE QUEENS**
**26 Broadway Parade**
**N8 9DE**
**North** ⑭
**+44 (0)20 8340 2031**
***brunningandprice.***
***co.uk/queens***

Das denkmalgeschützte Pub von der Wende des 19. zum 20. Jahrhundert hat sich wunderbar erhalten – mit Jugendstil-Buntglasfenstern und Mosaikboden am Eingang. Den Innenraum gliedern neben der original erhaltenen Bar im Zentrum dekorative hölzerne Zwischenwände – als Reminiszenz an die auf Privatsphäre Wert legenden Viktorianer. Heute zeigen sich die dicht gedrängten Gäste drinnen an den Tischen (oder im hübschen Biergarten) deutlich kommunikativer, teilen sich große Speisenplatten oder beschäftigen sich mit Brettspielen.

310 **THE SALISBURY**
**90 St Martin's Lane**
**WC2N 4AP**
**Covent Garden** ①
**+44 (0)20 7836 5863**
***greeneking-pubs.co.uk***

Meist gut gefüllt mit Theaterbesuchern und Arbeitern aus dem Viertel ist dieses großzügige Pub in Covent Garden mit seinen hübsch geätzten Glasscheiben. Das reiche Interieur im Jahrhundertwendestil und die gerundete Mahagonibar stammen noch aus der Zeit um 1900. Sehenswerte Details sind die prächtigen Kerzenhalter mit Frauen, die leuchtende Blüten zu halten scheinen.

## 311 PRINCESS LOUISE

**208 High Holborn**
**WC1V 7EP**
**Holborn ①**
**+44 (0)20 7405 8816**

Einfach beeindruckend wirken die originalen Fliesen, Spiegel und aufwendigen Mosaiken dieses Pubs in Holborn. Seine Inneneinrichtung blieb aus den 1890er-Jahren erhalten und atmet wie das Gebäude selbst noch ganz das viktorianische Flair seiner Entstehungszeit. Selbst das Marmorurinal auf der Herrentoilette ist denkmalgeschützt!

308 THE VIADUCT TAVERN

*Bars in*

# APARTEM AMBIENTE

312 **WC WINE & CHARCUTERIE**
**Clapham Common South Side**
**SW4 7AA**
**South ⑫**
**+44 (0)20 7622 5502**
***wcclapham.co.uk***

Ein öffentliches WC aus der Zeit Edwards VII. klingt nicht gerade toll für eine Weinbar, und doch ist sie recht charmant. Das WC – auch Abkürzung für *Wine & Charcuterie* (Wein und Wurstwaren) – liegt unterirdisch in einem ehemaligen Wasserklosett (*Water Closet*), von dem vieles erhalten (und natürlich desinfiziert!) wurde: Originalfliesen an Wänden und Boden, Oberlichter in der Decke und zu Tischen umfunktionierte einstige Kabinentüren.

313 **TOOTING TRAM AND SOCIAL**
**46–48 Mitcham Rd**
**SW17 9NA**
**South ⑫**
**+44 (0)20 8767 0278**
***tootingtram andsocial.co.uk***

Das ehemalige Depot für Pferde-Trambahnen, die die Londoner durch die Stadt beförderten, bevor Busse und U-Bahnen diese Aufgabe übernahmen, wurde umgestaltet zu einem Bar-Club und Veranstaltungsort für Livemusik. Bequeme Sofas und allerlei Vintage-Schnickschnack quetschen sich in die Ecken und auf ein schmales Zwischengeschoss, während die doppelt so hohe Saalmitte als perfekte Tanzfläche fungiert. Toll sind auch die viktorianischen Glasziegel an den Wänden.

314 **THE SHIP & SHOVELL**
**1–3 Craven Passage**
**WC2N 5PH**
**Covent Garden ①**
**+44 (0)20 7839 1311**
***shipandshovell.co.uk***

Eine der wohl skurrilsten altmodischen Kneipen der britischen Hauptstadt zerfällt in zwei klar definierte Hälften. Man muss sich also im Vorfeld für eine Seite entscheiden. Von jedem der beiden Einzelpubs aus dem 18. Jahrhundert mit identischer roter Front an verschiedenen Seiten einer Passage kann man Getränke ordern. Verbunden sind sie durch einen unterirdischen Gang, in dem Küche und Kellerräume untergebracht sind.

## 315 THE OLD BANK OF ENGLAND

**194 Fleet St**
**EC4A 2LT**
**Holborn** ①
**+44 (0)20 7430 2255**
***oldbankofengland.com***

In dem repräsentativen Gebäudekomplex, einer ehemaligen Niederlassung der Bank of England (in Betrieb von 1888 bis 1975), logiert heute ein beeindruckendes Pub von beträchtlicher Größe – mit Goldornamenten an der Decke, dekorativen Säulen und riesigen Bogenfenstern. Den besten Blick auf den gesamten Raum hat man vom Mezzaningeschoss. Nicht weit lag einst der Barbierladen des Sweeney Todd, berüchtigter »Teuflischer Barbier aus der Fleet Street« (gleichnamiges Musical verfilmt mit Johnny Depp).

## 316 CRATE BREWERY

IM WHITE BUILDING
**Queen's Yard, Unit 7**
**E9 5EN**
**Hackney** ⑩
**+44 (0)75 4769 5841**
***cratebrewery.com***

Die gemütliche Brauerei mit Bar am Flussufer wurde 2012 gegründet, als auf der gegenüberliegenden Seite im Queen Elizabeth Olympic Park die Olympischen Spiele gerade in vollem Gange waren. Ihr Domizil gibt es allerdings schon länger. Das White Building, in dem neben der Brauerei auch ein nachhaltiger Markt und das Silo, das erste abfallfreie Restaurant der Welt, logieren (ebenfalls einen Besuch wert!), liegt bereits seit dem späten 19. Jahrhundert am Ufer des River Lee und war ursprünglich eine Fabrik für Süßwaren.

# JAHRHUNDERTEALTE
## *Gastwirtschaften*

317 **THE DOVE**
**19 Upper Mall**
**W6 9TA**
**West** ⑭
**+44 (0)20 8748 9474**
***dovehammer smith.co.uk***

Nur wenige Pubs sind wohl einladender als »Die Taube«. Das kleine Lokal nördlich der Themse wirkt wie aus dem Bilderbuch mit seinem höchst individuellen, gemütlichen Interieur (der winzige Raum davor figuriert angeblich als kleinste Bar der Welt) und einer Terrasse mit Tischen direkt am Flussufer. Die Kneipe aus dem 18. Jahrhundert (seit 1796 im Besitz der örtlichen Brauerei Fuller's) wurde angeblich regelmäßig von Charles (Karl) II. besucht, der sich hier mit seiner Geliebten, der Schauspielerin Nell Gwynne, traf. Noch heute ist gut verständlich, warum der charmante Ort ein royaler Liebling war.

318 **THE LAMB & FLAG**
**33 Rose St**
**WC2E 9EB**
**Covent Garden** ①
**+44 (0)20 7497 9504**
***lambandflag coventgarden.co.uk***

Seit 1772 bereits wird an dieser Stelle ein Lokal erwähnt, und bis heute verteilen sich so gut wie immer Gäste mit Getränken in der Hand auf dem Bürgersteig vor der beliebten Kneipe in Covent Garden. Der Großteil einer Restaurierung in den 1950er-Jahren verbirgt Teile der historischen Bausubstanz aus der Entstehungszeit im 18. Jahrhundert. Heute beliebt als After-Work-Lokal, erinnert kaum mehr etwas daran, dass sich hier im 19. Jahrhundert eine ganz andere Szene traf – zu blutigen Preiskämpfen im Boxen ohne Handschuhe (*Bare-Knuckle Fighting*), weshalb es auch den Spitznamen »The Bucket of Blood« (Eimer Blut) bekam.

## 319 THE HOLLY BUSH

**22 Holly Mount**
**NW3 6SG**
**North ⑭**
**+44 (0)20 7435 2892**
***hollybush hampstead.co.uk***

Sucht man nach einem langen Gang durch Hampstead einen Ort, um sich die Füße aufzuwärmen, gibt es keine bessere Option als dieses Pub, wo an kühlen Tagen insbesondere die Plätze am offenen Kamin gefragt sind. Zurückgehend auf Stallungen von 1797 für ein nahe gelegenes Herrenhaus, eröffnete der heute denkmalgeschützte »Stechpalmen-Busch« Anfang des 20. Jahrhunderts als malerische, niedrige Kneipe.

## 320 THE FRENCH HOUSE

**49 Dean St**
**W1D 5BG**
**Soho ①**
**+44 (0)20 7437 2477**
***frenchhousesoho.com***

Das French House in Soho zählt zu den ikonischen Lokalen, wo es manch moderne Errungenschaft nicht gibt: Musik, Handys, Laptops oder große Biere – bekanntlich werden hier nur kleine Gläser (Half-Pints) ausgeschenkt. In den 1890ern eröffnet, sah es über die Jahre prominente Gäste wie Charles de Gaulle und Dylan Thomas. Man genießt oben in der Bar ein ausgedehntes delikates Mittagsmahl oder beobachtet bei einem kleinen Bier die Leute draußen auf dem Bürgersteig.

## 321 THE COACH & HORSES SOHO

**29 Greek St**
**W1D 5DH**
**Soho ①**
**+44 (0)20 7437 5920**
***coachandhorses soho.pub***

Das farbenfrohe Ecklokal in Soho mit auffälligen roten Säulen besteht schon seit Jahrhunderten. Betrieben einst vom angeblich unhöflichsten Wirt in London, war es zumindest eines nicht – langweilig. Zu den bekanntesten Besuchern zählten Künstler wie Francis Bacon oder Lucian Freud, die Schauspieler Peter O'Toole und John Hurt sowie eine Reihe von Autoren des Satiremagazins *Private Eye*, während heute hier eine ausgelassene Klientel laut zum Piano mitsingt. Das Gebäude stammt bereits von 1847, denkmalgeschützt dagegen ist die original erhaltene, kaum veränderte Einrichtung aus den 1930er-Jahren mit historischen Schildern und Vertäfelung aus heller Eiche – wo man sich wie vor fast hundert Jahren fühlt.

## *Pubs mit*
# TOLLEM INTERIEUR

322 **THE PRINCE ALFRED**
**5A Formosa St**
**W9 1EE**
**West** ⑬
**+44 (0)20 7286 3287**
***theprincealfred.com***

Das denkmalgeschützte Prince Alfred (seit 1856) ist ein idealtypisches Beispiel für ein Pub in viktorianischer Zeit. Im Innern teilten historische »Snob Screens« (geätzte Paneele aus Glas und Holz) den Raum in separate Bereiche für verschiedene soziale Gruppen, mit jeweils eigenem Eingang. Prächtig auch die bunten Originalfliesen und der Mosaikboden. Unten gibt es im ehemaligen Kohlenkeller eine Reihe separater Tische.

323 **THE WARRINGTON HOTEL**
**93 Warrington Crescent**
**W9 1EH**
**West** ⑬
**+44 (0)20 7286 8282**
***thewarrington hotel.co.uk***

Atemberaubende geflieste Säulen am Eingang und ein Mosaikboden empfangen einen, wenn man dieses viktorianische Pub betritt. Errichtet 1858, umfasst es fünf Räume, aufwendig dekoriert, mit edlen Buntglasfenstern, Jugendstilfriesen und als Blickfänger einer wunderschönen runden Bar mit Marmorplatte. Um das alles in seiner ganzen Pracht zu würdigen, bleiben Sie einfach eine Weile und gönnen sich ein elegant zubereitetes, klassisches Pub-Gericht.

324 **CROCKER'S FOLLY**
**24 Aberdeen Place**
**NW8 8JR**
**West** ⑬
**+44 (0)20 7289 9898**
***maroush.com/restaurant/crockers-folly***

Dieses große, denkmalgeschützte Pub ist ausgesprochen hübsch. Bei einer Renovierung kürzlich wurden seine spätviktorianischen Architekturelemente zu neuem Leben erweckt. Die Salon-Bar mit Ziersäulen und feinen Stuckdecken ist verkleidet mit etwa fünfzig Marmorsorten, darüber funkeln originale Kronleuchter. Wenn Sie ihre Blicke losreißen können von all der Pracht, finden Sie auf der Speisekarte eine Auswahl an Weinen, klassischen Cocktails und libanesischen Gerichten.

## 325 THE BLACKFRIAR

**174 Queen Victoria St**
**EC4V 4EG**
**City of London ②**
**+44 (0)20 7236 5474**
***nicholsonspubs.co.uk***

Das schlanke, keilförmige Pub, das einsam nördlich der Blackfriars-U-Bahn-Station in den Himmel ragt, hat etwas fast Surreales. Der Art-nouveau-Leuchtturm, errichtet in den 1870er-Jahren auf dem Areal eines Dominikanerklosters (engl. *Blackfriars*, daher der Name), wurde 1905 von den Arts-and-Crafts-Künstlern Frederick T. Callcott und Henry Poole umgestaltet, denen er sein opulentes Innendekor verdankt – große Marmorplatten an den Wänden, darüber fröhlich wirkende Mönche, glitzernde Mosaiken und humorvolle Friese mit Darstellungen aus dem Mönchslebens und Titeln wie »Contentment surpasses riches« (Zufriedenheit schlägt Reichtum).

## 326 CITTIE OF YORKE

**22 High Holborn**
**WC1V 6BN**
**Holborn ①**
**+44 (0)20 7242 7670**

Das mittelalterlich aufgemachte Pub steht für günstiges Bier und eine urtümliche Atmosphäre. Man glaubt sich ins Bühnenbild eines Theaterstücks aus der Zeit versetzt – nicht von ungefähr. Auch wenn es wie ein Pub aus Shakespeares Zeiten wirkt, wurde es erst in den 1920ern errichtet. Im hinteren Raum liegt die wie eine Tudor-Halle ausgestattete Bar mit hohem, offenem Spitzdach, riesigen Holzfässern und Sitzen in kunstvoll geschnitzten Nischen.

## 327 THE CHURCHILL ARMS

**119 Kensington Church St**
**W8 7LN**
**Kensington ④**
**+44 (0)20 7727 4242**
***churchillarms kensington.co.uk***

Kein Wunder, dass man hier Wert auf Patriotismus legt. Nach dem Zweiten Weltkrieg zu Ehren des ehemaligen Premierministers umbenannt (dessen einzige Verbindung zu dem Pub allerdings darin bestand, dass seine Großeltern hier dann und wann verkehrten), ist die gemütliche Kneipe bis obenhin vollgestopft mit Erinnerungsstücken aus der Kriegszeit – von der Decke hängen Erste-Hilfe-Kästen, Lampen, Töpfe, Medaillen und Krüge. Doch ist es eigentlich das Äußere des viktorianischen Lokals, das die Massen anzieht. Im Sommer umrankt von blühenden Grünpflanzen, im Winter dicht besetzt mit unzähligen beleuchteten Weihnachtsbäumen, ist das skurrile Pub immer ein Hingucker.

*Trinkschuppen aus dem*

# 20. JAHRHUNDERT

328 **THE ELEPHANT AND CASTLE**
**119 Newington Causeway**
**SE1 6BN**
**South ⑫**
**+44 (0)20 7403 8124**
***elephantandcastlepub.com***

Das Elephant and Castle wurde hier bereits 1765 erwähnt, später im 18. Jahrhundert dann ein ganzes Viertel im Borough of Southwark nach ihm benannt. Doch der Ort, den man heute dort findet, wo sich in den 1990ern eine örtliche Garage-Rock-Szene konzentrierte, ist pure 1960er. Das Gebäude im Untergeschoss der *Metro Central Heights*, eines von Ernö Goldfinger als Bürogebäude für das Ministry of Health entworfenen Glas- und Stahlbeton-Komplexes, stammt von 1966. Man beachte die Fassade mit Kieselrauputz und die Waffeldecke.

329 **THE IVY HOUSE**
**40 Stuart Rd**
**SE15 3BE**
**South ⑫**
**+44 (0)20 7277 8233**
***ivyhousenunhead.com***

Das beliebte Viertellokal ist das erste genossenschaftlich betriebene Pub in London. Als es 2012 geschlossen wurde, sammelte man Geld, um das Grundeigentum zu erwerben, sodass es heute 371 Aktionäre hat. Errichtet in den 1930ern anstelle eines Pubs aus dem späten 19. Jahrhunderts, repräsentiert es, denkmalgeschützt, ein »aufgewertetes« Wirtshaus aus der Zwischenkriegszeit, als neue Art von Pub, das verschiedene Besucher anspricht. Die prächtige Music-Hall-Bühne bietet Livemusik, Filmvorführungen und Vorträge.

330 **THE DUKE**
**7 Roger St**
**WC1N 2PB**
**Bloomsbury ⑦**
**+44 (0)20 7242 7230**
***dukepub.co.uk***

Diese typische Bloomsbury-Kneipe aus den späten 1930er-Jahren besaß schon stilvolle Wände in Rosé, bevor Millennials diese Farbe für sich reklamierten. Ein denkmalgeschütztes Pub mit intaktem Innenraum – alter Vertäfelung, Art-déco-Spiegeln, originalen Holzabtrennungen und einer hölzernen Bar wie vor über 80 Jahren. Toll für ein Getränk zu selbst gemachtem Kuchen – mit Nostalgie als Beilage.

331 **PALM TREE**
**127 Grove Rd**
**E3 5BH**
**East** ⑪
**+44 (0)20 8980 2918**

Das einzigartige Pub, separat stehend im Grünen am Regent's Canal, lag einst in einem bebauten Teil des East End. Als einziges Gebäude in seiner Straße überlebte es den Bombenhagel des Zweiten Weltkriegs, ist also eine Art Relikt. Es entstand 1935 auf dem Areal eines Gasthauses aus dem 19. Jahrhundert und spiegelt ganz die Atmosphäre seiner Entstehungszeit – mit originalem Interieur (Goldtapeten, schweren Vorhängen, knalligen Teppichen) und einer Bar, die nur Barzahlung akzeptiert.

332 **THE PHOENIX ARTS CLUB**
**1 Phoenix St**
**WC2H 8BU**
**Covent Garden** ①
**+44 (0)20 7836 1077**
***phoenixartsclub.com***

Einige Stufen abwärts vom Straßenniveau des West End erreicht man die Theaterbar mit Restaurant und Club. Der 1988 als Bar eröffnete Late-Night-Spot, logiert in den einstigen Umkleide- und Probenräumen des *Phoenix Theatre* etwas weiter nördlich (*thephoenixtheatre.co.uk*) und bleibt seinen Wurzeln treu: Die Wände sind gepflastert mit signierten Porträtfotos (darunter bekannte Gesichter aus den wöchentlichen Open-Mic-Abenden des Musical-Theaters), Plakaten und Erinnerungsstücken vergangener Film- und Theaterproduktionen. Der Phoenix Arts Club ist streng genommen nur für Mitglieder, doch auch Normalsterbliche sind willkommen, wenn sie im Voraus buchen. Und wer aus dem Theater kommt, wird eingelassen, wenn er das Ticket vorzeigt.

333 **THE CARPENTERS ARMS**
**73 Cheshire St**
**E2 6EG**
**East** ⑪
**+44 (0)20 7739 6342**
***carpentersarms freehouse.com***

Heute würde man es nicht mehr glauben, doch dieses fröhliche Pub, wo man kleine Platten und am Sonntag Braten serviert, war einst eine der berüchtigtsten Trinkhöllen der Stadt. Erworben wurde sie 1967 von den legendären Gangsterzwillingen Reggie und Ronnie Kray, die lange die organisierte Kriminalität im East End beherrschten, angeblich als Geschenk für deren Mutter Violet. Die Brüder selbst waren in einem Haus ganz in der Nähe aufgewachsen: in der Vallance Road Nr. 178.

BUILT
1938
TRADITIONAL
PUB & DINING
THE
DUKE
7 ROGER ST
OPEN
SERVING
FULL
MENU
+
DAILY
SPECIALS
UNTIL 9.30PM

# UNTERKÜNFTE


**ÄLTESTE** *Hotels der Stadt* 254

**LANG BESTEHENDE** *Traditionshäuser* 258

**NOSTALGISCHE** *Schlafstätten* 261

**COOLE** *Übernachtungsorte* 266

# ÄLTESTE
## *Hotels der Stadt*

334 **BROWN'S HOTEL**
**Albemarle St**
**W1S 4BP**
**Mayfair** ⑥
**+44 (0)20 7493 6020**
***roccofortehotels.com/hotels-and-resorts/brown-s-hotel***

Das luxuriöse Brown's ist das wohl älteste Hotel der Hauptstadt. Es wurde 1837 eröffnet – im gleichen Jahr, in dem auch Queen Victoria den Thron bestieg – und zog im Lauf seines Bestehens eine eindrucksvolle Schar von Gästen an, Angehörige von Königshäusern, hohe Würdenträger und internationale Prominenz wie US-Präsident Theodore Roosevelt, Rudyard Kipling, Orson Welles oder Alexander Graham Bell. Diverse Renovierungen ließen es in seinem traditionellen, eleganten Kern unberührt. Schon der holzgetäfelte *Drawing Room* – in dem Queen Victoria Berichten zufolge oft ihren Nachmittagstee genoss – ist ein Beweis dafür.

335 **GREAT NORTHERN HOTEL**
**Pancras Rd**
**N1C 4TB**
**King's Cross** ⑦
**+44 (0)20 3388 0800**
***gnhlondon.com***

Das Great Northern, eines der ersten speziell zu diesem Zweck errichteten Eisenbahnhotels, wurde 1854 eröffnet für Passagiere am Beginn oder Ende einer Reise mit der Great Northern Railway. Das von Lewis Cubitt entworfene kühne Gebäude spiegelt noch ganz den Glamour des damaligen Zeitalters der Dampfloks. Heute blickt es auf die moderne Bahnhofshalle der *King's Cross Station*, die in ihrer Gestaltung dem geschwungenen Grundriss des Hotels folgt. Von den vielen Pendlern, Reisenden mit Koffern und modernen Zugdurchsagen der Umgebung merkt man im Inneren allerdings so gut wie nichts.

## 336 THE SAVOY

**Strand**
**WC2R 0EZ**
**Covent Garden ①**
**+44 (0)20 7836 4343**
***fairmont.com/savoy-london***

Das 1889 eröffnete Savoy ist heute noch genauso schick und luxuriös wie damals, als es mit seiner elektrischen Beleuchtung und hydraulischen Aufzügen als hypermodern galt. Es ist seit jeher recht beliebt bei der königlichen Familie, Schauspielern, bildenden Künstlern und anderen Promis – Berühmtheiten wie Marilyn Monroe, Marlene Dietrich oder Bob Dylan haben u. a. hier genächtigt. Atemberaubend ist das Interieur – jeder einzelne der eleganten Räume mit Edwardian-Style- oder Art-déco-Anklängen zollt dieser glamourösen Vergangenheit Tribut.

## 337 ST PANCRAS RENAISSANCE HOTEL

**Euston Rd**
**NW1 2AR**
**King's Cross ⑦**
**+44 (0)20 7841 3540**
***stpancraslondon.com***

Erinnern Sie sich noch an das bombastische Treppenhaus im Musikvideo »Wannabe« der Spice Girls? Voilà: Der Megahit der 1990er wurde in diesem Hotel gedreht. Es diente auch als Szenerie für *Harry Potter und die Kammer des Schreckens* (2002), ist aber natürlich viel älter. Das schlossähnliche Gebäude mit den vielen Türmchen (zugleich »gotische« Front der *St Pancras International Station*) wurde 1873 als Midland Grand Hotel eröffnet. Nach dessen Schließung 1935 war es lange dem Verfall preisgegeben, bis es zu Beginn der 2010er-Jahre renoviert und unter seinem heutigen Namen neu eröffnet wurde. Im Innern herrschen Extravaganz und Opulenz – nicht weniger beeindruckend als damals in den 1870ern.

## 338 CLARIDGE'S

**Brook St**
**W1K 4HR**
**Mayfair ⑥**
**+44 (0)20 7629 8860**
***claridges.co.uk***

1856 eröffnet und später Inbegriff glamourösen Art-décos, hat sich das renommierte Luxushaus in Teilen seines Interieurs seit den 1920ern kaum verändert. Doch ging man natürlich mit der Zeit: Restaurierungen und moderne Ergänzungen erfolgten mit Sensibilität für die Vergangenheit. Durch den 100 Jahre alten, von Portiers mit Zylinder flankierten Haupteingang erreicht man den prachtvollen Innenraum, ausgestattet mit Säulen, Originalspiegeln und edlem Glas. Auch die stilvoll möblierten modernen Zimmer mit Motiven der 1920er- und 1930er sind eine Hommage auf die Entstehungszeit.

# LANG BESTEHENDE

## *Traditionshäuser*

339 **THE RITZ LONDON**
**150 Piccadilly**
**W1J 9BR**
**Piccadilly ⑤**
**+44 (0)20 7493 8181**
***theritzlondon.com***

Das Ritz, seit 1906 eine der ultimativen Luxusdestinationen, war das erste Hotel, dem ein königliches Siegel als Hoflieferant für »Bankett- und Catering-Dienste« verliehen wurde. Hier feierte sogar die Queen ihren 80. Geburtstag. Extravagant, nicht wahr? Das Grand Hotel mit seinem grünen Schieferdach, das stilistisch Pariser Vorbild folgt, ist im Inneren ganz im opulenten Louis-XV-Stil gehalten. Wer hier übernachtet, hat das Gefühl, als würde er in einer anderen Zeit erwachen – wo vergoldete Kamine, Marmorbadewannen und ein eigener Butler zur Norm gehörten. Übrigens: In der Trafalgar Suite, ausgestattet zur Erinnerung an die gleichnamige Schlacht 1805, wurden Szenen des Kultfilms *Notting Hill* (1999) mit Hugh Grant und Julia Roberts gedreht.

340 **THE LANDMARK**
**222 Marylebone Rd**
**NW1 6JQ**
**Marylebone ⑥**
**+44 (0)20 7631 8000**
***landmarklondon.co.uk***

Hoch aufragende Palmen unter Glas vermitteln ein Gefühl von Urlaub, Luxus und Süden. 1899 errichtet, etwa zur selben Zeit wie der benachbarte Bahnhof Marylebone Station, präsentiert sich das Traditionshotel als riesige, mehrflügelige Anlage aus rotem Backstein, gruppiert um einen geräumigen, mit Glas überdachten Innenhof. Damals konnten die Gäste mit Pferdekutschen direkt hineinfahren (und hatten ihren großen Auftritt), heute dient er als eleganter Wintergarten, wo man unter Palmen eine leichte Mahlzeit, Brunch oder *Afternoon Tea* genießen kann. Und von den eleganten Zimmern des Hotels genießt man einen Blick von oben in dieses luftige Atrium.

### 341 THE GORING

**15 Beeston Place**
**SW1W 0JW**
**Westminster ⑤**
**+44 (0)20 7396 9000**
***thegoring.com***

Das majestätische edwardianische Fünf-Sterne-Hotel, seit seiner Eröffnung 1910 von derselben Familie geführt, wirkt luxuriös, intim und auf charmante Art altmodisch. Kein Wunder also, dass es ebenfalls ein Favorit der Royals ist – in diesem Fall von Kate Middleton, heutige Duchess of Cambridge, die mit ihrer Familie 2011 die Nacht vor ihrer Hochzeit in der Westminster Abbey hier verbrachte. Seit 2013 hält man das Siegel der Queen als Hoflieferant (*Royal Warrant of Appointment*). Achten Sie auf die feinen Seidentapeten mit Gainsborough-Motiven. Sie schmücken auch die Wände im Buckingham Palace (und einst die First-Class-Bereiche des havarierten unglückseligen Passagierschiffs RMS *Titanic* …).

### 342 THE CONNAUGHT

**Carlos Place**
**W1K 2AL**
**Mayfair ⑥**
**+44 (0)20 7499 7070**
***the-connaught.co.uk***

Das Luxushotel in Mayfair, getauft 1917 auf den Namen »The Connaught« (nach dem Sohn Queen Victorias, Arthur Duke of Connaught and Strathearn), präsentiert sich als elegante Mischung aus vergangenen und gegenwärtigen Modestilen, mit allerlei modernen Schnörkeln neben historischen Details, Originalkunst und eher klassischem Design. Den Luxus vergangener Zeiten vermittelt am besten die *Grosvenor Suite* mit Interieur aus dem 18. Jahrhundert, 24-Stunden-Butlerservice und einem historischen Cocktailschrank.

### 343 MANDARIN ORIENTAL HYDE PARK

**66 Knightsbridge**
**SW1X 7LA**
**Belgravia ⑤**
**+44 (0)20 7235 2000**
***mandarinoriental.com/london***

Bekanntlich erhielten die spätere Queen Elizabeth und ihre Schwester Margaret einst Tanzstunden im Ballsaal des damaligen Hyde Park Hotel. Hierher zog sich auch Winston Churchill mehrmals zurück, so etwa als er Ende der 1940er-Jahre in einer Suite das SAS War Crimes Investigation Team bildete (zur Untersuchung von Kriegs- und NS-Verbrechen). Das Luxushotel im Herzen Londons präsentiert sich opulent und extravagant mit Säulen, Marmor und Mosaiken – und atemberaubendem Blick auf den Hyde Park von einigen seiner Zimmer.

# NOSTALGISCHE
## *Schlafstätten*

344 **HAZLITT'S**
**6 Frith St**
**W1D 3JA**
**Soho** ①
**+44 (0)20 7434 1771**
***hazlittshotel.com***

In dem stimmungsvollen Hotel in Soho übernachtet man mit fast musealem Touch. Die Zimmer in dem 300 Jahre alten gebäude sind opulent in kräftigen Farbtönen dekoriert, mit Stilmöbeln, monumentalen Himmelbetten (in einigen der Räume) und historischen Badarmaturen. Die Bäder selbst mit Regenduschen entsprechen modernsten Standards – anders als zur Entstehungszeit, als es nicht einmal fließend Wasser gab. Benannt wurde das Hotel nach dem Essayisten William Hazlitt, der 1830 hier verstarb und (wie kolportiert wird) von seiner Vermieterin kurzerhand unters Bett geschoben wurde, um die Wohnung schnell wieder zu vermieten.

345 **ZETTER TOWNHOUSE**
**49–50 St John's Sq**
**EC1V 4JJ**
**Clerkenwell** ⑧
**+44 (0)20 7324 4444**
***thezetter.com***

Das georgianische Stadthaus, 2011 als Boutique-Hotel eröffnet (13 Zimmer), ist überbordend dekoriert mit skurrilen Objekten aller Art – wie die Wohnung einer exzentrischen älteren Tante, also definitiv leicht Old School. Mit kühnen Stoffmustern, Antiquitäten und Secondhand-Möbeln – und Betonung auf typisch britischem Stildekor. Wo sonst könnte man in einem Himmelbett unter Union-Jack-Flagge nächtigen?

346 **THE BEAUMONT**
**8 Balderton St**
**W1K 6TF**
**Mayfair** ⑥
**+44 (0)20 7499 1001**
***thebeaumont.com***

Erst seit knapp zehn Jahren in Betrieb, versetzt einen dieses Grand Hotel klassischen Stils beinahe direkt zurück in die 1920er-Jahre. Untergebracht in einem ehemaligen neoklassizistischen Garagenbau aus den 1920ern (für Kunden des nördlich gelegenen Nobelkaufhauses Selfridges), orientiert es sich in seiner Ästhetik deutlich an dessen Historie. Die Einrichtung wirkt zeitlos und edel – mit Originalkunst und antikem Mobiliar.

## 347 THE NED

**27 Poultry**
**EC2R 8AJ**
**City of London ②**
**+44 (0)20 3828 2000**
***thened.com***

Seit 2017 untergebracht im monumentalen Gebäude einer stillgelegten Bank im Herzen der City, gelingt diesem großartigen Hotel (betrieben von der Soho-House-Kette als *Private Members Club* nur für Mitglieder) der schwierige Spagat, sowohl vergangene Zeiten aufleben zu lassen, als auch absolut modern zu wirken. Entworfen wurde das Gebäude einst von dem führenden britischen Architekten Sir Edwin Lutyens (1924), mit riesigen Bogenfenstern, bekrönt von gusseisernen Verzierungen, und imposanten grünen Säulen, die die ehemalige Schalterhalle säumen. Oben locken eine Reihe schicker Zimmer im Stil der 1920er-Jahre. Oder man besucht das Erdgeschoss mit einem Konglomerat aus acht Restaurants, Bars und Livemusik-Locations. – Im Keller lockt (nur für Mitglieder und Hotelgäste) die schicke Cocktailbar *The Vault* (Zugang durch die Tür des ehemaligen Banktresors), deren Wände von unzähligen glänzenden Schließfächern gesäumt werden.

## 348 L'OSCAR LONDON

**2–6 Southampton Row**
**WC1B 4AA**
**Holborn ⑩**
**+44 (0)20 7405 5555**
***loscarlondon.com***

Lassen Sie sich nicht täuschen vom unprätentiösen Äußeren des l'oscar (so die eigene Schreibung!) oder der in Stein gehauenen Beschriftung »The Baptist Church House« über dem Eingang, denn das Innere der ehemaligen Baptistenkirche aus der Zeit um die Jahrhundertwende wurde komplett umgestaltet. Die meisten Architekturdetails des heute denkmalgeschützten Gebäudes blieben zwar erhalten – so logiert die Hotelbar, The Baptist, in der einstigen achteckigen doppelstöckigen Kapelle –, doch dominiert heute im Inneren statt frommer Gebete eher verschwenderische Eleganz.

# COOLE
## Übernachtungsorte

349 **CLINK78**
78 King's Cross Rd
WC1X 9QG
Clerkenwell ⑧
+44 (0)20 7183 9400
*clinkhostels.com/clink78*

Lust, in einem ehemaligen Gefängnis zu übernachten? Das viktorianische Gebäude, in dem einst das Bezirksgericht *Clerkenwell Magistrates Court* logierte, wird als Backpacker-Hostel genutzt, mit Etagenbetten in den ehemaligen Gefängniszellen, hohen Fenstern und schwerer Eisentür. (Heute lässt sie sich von innen öffnen ...) Man kann im einstigen Gerichtssaal abhängen oder im Keller in der *ClashBar* feiern, benannt nach der gleichnamigen Punkband, die hier einmal vor Gericht stand.

350 **PRINCELET STREET**
13 Princelet St
E1 6QH
Spitalfields ⑨
+44 (0)16 2882 5925
*landmarktrust.org.uk*

Eine der besterhaltenen historischen Straßen in Spitalfields wie die nahe Fournier Street entstanden im frühen 18. Jahrhundert als Wohnquartier hugenottischer Seidenweber. Das hohe, elegante Stadthaus ist heute, sorgfältig restauriert, in Besitz des Landmark Trust. Wer hier auf den vier Stockwerken mit friedlichem ummauertem Garten absteigt, erfährt, wie man vor Jahrhunderten in London lebte.

351 **THE GEORGIAN HOUSE**
BEI HAMPTON COURT PALACE
KT8 9AU
East Molesey
+44 (0)16 2882 5925
*landmarktrust.org.uk*

Wer im Georgian House auf dem Gelände des Hampton Court Palace absteigt, kann frei durch Park und Innenhöfe schlendern, wenn die letzten Tagesbesucher sich verzogen haben. Das elegante Haus wurde nach Thronbesteigung George I. 1719 ursprünglich als Küchenbau errichtet. Später wurden daraus zwei Häuser für den Bau- und Gärtnermeister. Heute kann man eines davon mieten – um vom Leben am Rand des Königshofs zu träumen.

352 **43 & 45A CLOTH FAIR**
EC1A 7JQ
City of London ②
+44 (0)16 2882 5925
*landmarktrust.org.uk*

Während man zu Nr. 41 Cloth Fair keinen Zutritt hat (dem ältesten Haus der City von 1614 und einzigen, das den Großen Brand von 1666 überstand), kann man sich auf den Nachbargrundstücken näher umsehen. Denn Nr. 43 und 45a sind im Besitz des Landmark Trust, sodass man dort übernachten kann. Beide – mit georgianischen Fassaden aus dem 18. Jahrhundert – sind nicht ganz so alt wie Nr. 41, nur ihre Fachwerkkonstruktion reicht noch zurück in die Zeit vor dem Brand. Im ersten und zweiten Stock von Nr. 43 lebte der Dichter und Publizist John Betjeman (1906–1984). Vieles ist noch erhalten wie zu seinen Lebzeiten, sogar die von ihm selbst ausgewählte Eichelmuster-Tapete von William Morris im Wohnzimmer.

353 **THE BRUNSWICK CENTRE**
WC1N 1BS
Bloomsbury ⑦
*plumguide.com/homes/london/the-brunswick*

Der Gebäudekomplex aus Sichtbeton nördlich des Russell Square, mit Wohnungen, Geschäften, Restaurants und Kino, steht unter Denkmalschutz als besonderes Beispiel brutalistischer Architektur in der britischen Hauptstadt. Errichtet in den späten 1960ern, verfügen die gestuft angeordneten Wohnungen in dem Flachbau über teilverglaste Dächer für natürlichen Lichteinfall. In diesem modernen Apartment mit zwei Schlafzimmern kann man übernachten – mit Blick auf die wegweisende urbane Umgebung, die sich unter dem Balkon entfaltet.

# REGISTER


2 Willow Road 111
3 Chalcot Square 51
24 Chester Square 51
34 Montagu Square 48
34 Paradise Road 50
40 Stansfield Road 50
41–42 Cloth Fair 129
43 & 45a Cloth Fair 267
52–55 Newington Green 129
102 Edith Grove 51
153 Cromwell Road 50
Abbey Road Studios 48
Adelphi Theatre 149
Alexandra & Ainsworth Estate 114
Alexandra Palace 37
Alexandra Palace Theatre 40
Alfies Antique Market 178
Algerian Coffee Stores 169
Alpino 204
American Bar 232
Apsley House 122
Arments Pie and Mash 210
Asprey 172
Asylum Chapel 80
Banqueting House 46
Barbican 108
Bar Italia 201
Bascule Chamber 28
Bathurst Mews 89
Battersea Power Station 35
Berry Bros. & Rudd 168
Bethnal Green Library 105
Bethnal Green Working Men's Club 237
Bevis Marks Synagogue 61
Billingsgate Roman House & Baths 66
Black Cultural Archives 152
Bleeding Heart Yard 88
Bobby Fitzpatrick 54
Borough Market 85
Brasserie Zédel 221
Brick Lane: Bagel Shops 194
Brick Lane Market 178
Brick Lane Mosque 64
British Museum 135
Brixton Village, Reliance Arcade & Market Row 182
Broadcasting House 115
Brockwell Lido 100
Brompton Cemetery 82
Brown's Hotel 254
Brydges Place 87
BT Tower 34
Buckingham Palace 123
Burlington Arcade 182
Bush Hall 140
Buzz Bingo Tooting 163
Cabmen's Shelters 45
Cahoots 54
Caledonian Park Clock Tower 34
Camberwell Public Baths 100
Camden Passage 183
Carlyle's House 119
Carnaby Street 186
Cecil Court 183
Champagne Bar 234
Charbonnel et Walker 166
Charles Dickens Museum 148
Charlton House 122
Chelsea Physic Garden 73
Cheyne Walk 92
Chiswick House Conservatory 98
Christ Church Greyfriars 77
Churchill War Rooms 29
Ciao Bella 205
Cittie of Yorke 246

Clapham South Station 107
Claridge's 255
Claude Bosi at Bibendum 217
Clink78 266
Columbia Road Market 85
Connaught Bar 234
Covent Garden Market 86
Crate Brewery 241
Crocker's Folly 245
Crossness Pumping Station 37
Crystal Palace Park 76
Crystal Palace Subway 28
Cutty Sark 53
Daunt Books Marylebone 173
Dennis Severs' House 117
Down House 144
Down Street Station 107
Dukes Bar 232
Dulwich Picture Gallery 157
Dunns Bakery 194
Effra Social 237
Electric Cinema 142
Eltham Palace 116
Emery Walker's House 119
E. Pellicci 201
Everyman Muswell Hill 143
F. Cooke 209
Fitzrovia Chapel 46
Floris 172
Fortnum & Mason 187
Fournier Street 92
Freimaurertempel 40
Fulham Palace 128
Gants Hill Underground Station 107
G Kelly 210
Goodwin's Court 87
Gordon's Wine Bar 224
Grays 180
Great Northern Hotel 254
Greenwich Park 74
Guildhall 129
Ham House 120
Hamleys 189
Hampton Court Palace 123
Handel & Hendrix in London 145
Harrods 187
Harvey Nichols 189
Hatchards 173
Hazlitt's 261
Heywood Hill 173
Highgate Cemetery 81
Hill Garden and Pergola 73
Historische Gas-lampen 42
HMS Belfast 53
Holland Park Mews 89
Horniman Museum & Gardens 160
Hornsey Town Hall 115
House of Vintage 177
India Club 206
Ironmonger Row Baths 101
Isokon Building 114
James J. Fox 170
James Smith & Sons 170
Joe Allen Restaurant 208
J. Sheekey 216
Keats House 144
Kensal Green Cemetery 81
Kensington Central Library 104
Kensington Palace 125
Kenwood House 122
King Henry's Mound 74
King's Road 186
Kneipe der Beefeaters 40
Kynance Mews 90
Lambeth Country Show 69
Langan's Brasserie 208
L. Cornelissen & Son 172
Leadenhall Market 183
Le Beaujolais 226
Leighton House Museum 148
L'Escargot 221
Liberty London 189
Lina Stores 169
Little Green Street 91
Little Nan's Bar 55
Lombard Street 92
London Mithraeum 65
London's Roman Amphitheatre 66
London Transport Museum 153
London Wall 65
Lord Mayor's Show 68
l'oscar London 263
Maggie's Club 55
Mail Rail 29

Maison Bertaux 192
Mandarin Oriental
Hyde Park 260
Marshall Street
Baths 101
Mary Seacole 58
Middle Temple Hall 126
Millicent Fawcett 58
Mini-Police-Station 42
M. Manze 210
MOTH Club 237
Mr Fogg's Tavern 55
Museum of Brands 160
Museum of London 152
Museum of the
Home 153
National Firefighters
Memorial 58
National Gallery 157
National Theatre 108
Natural History
Museum 134
Neal's Yard 87
Notting Hill Carnival 67
Old Spitalfields
Market 86
Oscar Wilde Lounge 200
Oslo Court 206
Painted Hall 46
Palm Court 197, 200
Palm Tree 249
Paper Dress Vintage 177
Parkland Walk 72
Paul Rothe & Son 192
Paxton & Whitfield 166
Phoenix Cinema 143
Piccadilly Arcade 182
Pickering Place 88
Police Posts & Boxes 45
Pollock's Toy
Museum 158
Poppie's Fish & Chips 54
Porchester Spa 100
Portobello Road
Market 180
Postman's Park 73
Princelet Street 266
Princess Louise 239
Queen Elizabeth's
Hunting Lodge 128
Regency Cafe 201
Retromania 176
Rinkoff Bakery 194
Rio Cinema 143
Rivoli Ballroom 137
Rock & Sole Plaice 195
Rokit 176
Ronnie Scott's 161
Roupell Street 91
Rowans Tenpin Bowl 163
Rowley's 208
Royal Academy of
Arts 156
Royal Opera House 150
Rules 211
Sambourne House 117
Savile Row 186
Savoy Theatre 150
Scott's 215
Selfridges 188
Severndroog Castle 32
Shad Thames 91
Shakespeare's Globe 163
Simpson's in the
Strand 211
Simpson's Tavern 215
Sir John Soane's
Museum 144
Smithfield Market 86
Somerset House 125
Southbank Centre 110
Staple Inn 126
St Augustine's Tower 32
St Dunstan in
the East 76
St Etheldreda's
Church 62
St George's Garrison
Church 77
St Giles' without
Cripplegate 64
St James's Park 74
St Luke's Mews 89
St Mary's Tower
Hornsey 32
St Pancras International
Station 106
St Pancras Old Church 61
St Pancras Renaissance
Hotel 255
St Paul's Cathedral 64
Strawberry Hill
House 120
Stretcher Railings 43
Sutton House 128
Sweetings 215
Swiss Cottage Central
Library 105
Syon Park: Great
Conservatory 99
Tate Modern 35
Temperate House &
Palm House 98
Theatre Royal
Drury Lane 149
Theatre Royal
Haymarket 149

The Beaumont 261
The Blackfriar 246
The Boat Race 67
The British Library 49
The Brunswick Centre 267
The Carpenters Arms 249
The Castle Cinema 142
The Charterhouse 131
The Churchill Arms 246
The City Barge 49
The Coach & Horses Soho 243
The Connaught 260
The Crypt Gallery 29
The Diamond Jubilee Tea Salon 200
The Dove 242
The Duke 248
The Elephant and Castle 248
The Flask 236
The Foyer & Reading Room 200
The French House 243
The Fryer's Delight 195
The Garden Café 197
The George Inn 228
The Georgian House 266
The Golden Hind 195
The Golden Hinde 53
The Goring 260
The Grapes 231
The Grenadier 236
The Holly Bush 243
The House Mill 37
The Ivy House 248
The Lamb & Flag 242
The Landmark 258
The London Library 104
The London Palladium 49
The Mayflower 227
The Monument 34
The Mousetrap 161
The Ned 263
The Old Bank of England 241
The Old Cinema 178
The Olde Wine Shades 224
The Old Operating Theatre Museum 158
The Original Maids of Honour 204
The Palace of Westminster 131
The Phoenix Arts Club 249
The Prince Alfred 245
The Proms 68
The Prospect of Whitby 227
The Quality Chop House 221
The Queens 238
The Ritz London 258
The Royal Arcade 181
The Salisbury 238
The Savoy 255
The Screen on the Green 141
The Seven Stars 231
The Ship & Shovell 240
The Spaniards Inn 235
The Ten Bells 235
The Viaduct Tavern 238
The Warrington Hotel 245
The Wolseley 217
Tomb of the Unknown London Girl 66
Tooting Tram and Social 240
Tower Hamlets Cemetery 82
Tower of London 131
Trellick Tower 111
Troubadour 161
Troxy 140
Twinings 168
V&A 134
Vaudeville Theatre 150
Wachablösung 68
Walden Chymist 172
WC Wine & Charcuterie 240
Westminster Abbey 62
West Norwood Cemetery 82
Willes Pool 101
William Morris Gallery 148
Wiltons 216
Wilton's Music Hall 137
Wimbledon Tennis Championships 69
Winchester Palace 77
W. Martyn 169
Wood Street Indoor Market 180
Word on the Water 52
Ye Olde Cheshire Cheese 228
Ye Olde Mitre 228
Zetter Townhouse 261

# IMPRESSUM

DEUTSCHE AUSGABE © 2022 Bruckmann Verlag GmbH,
Infanteriestrasse 11A, 80797 München

AUTORIN – Ellie Walker-Arnott

FOTOS – Sam Mellish / www.sammellish.com

COVERFOTO – The Royal Arcade (#230)

LAYOUT – Joke Gossé and doublebill.design

DEUTSCHE ÜBERSETZUNG – Dagmar Lutz

SATZ *und* LEKTORAT – M. Feuerstein, wigel

PROJEKTLEITUNG – Claudia Hohdorf, Maren Langendorff

KORREKTORAT – Christiane Gsänger

HERSTELLUNG – Alexander Knoll

Printed in Slovenia by Florjancic

ISBN 978-3-7343-1995-2

lusterpublishing.com – the500hiddensecrets.com – info@lusterpublishing.com



Die Deutsche Nationalbibliothek verzeichnet diese Publikation in der Deutschen Nationalbibliografie; detaillierte bibliografische Daten sind im Internet über http://dnb.d-nb.de abrufbar.